화태에서 온 편지 1

기록 화태에서 온 편지 1

초판 1쇄 인쇄 2015년 2월 5일
초판 1쇄 발행 2015년 2월 10일

구 술 김귀남, 백봉례, 윤도연
엮은이 정혜경
사 진 이승민
기 획 일제강점하 사할린 강제동원 억류희생자 한국유족회
펴낸이 윤관백
펴낸곳 도서출판 선인

등 록 제5-77호(1998. 11. 4)
주 소 서울특별시 마포구 마포대로 4다길 4
전 화 02-718-6252
팩 스 02-718-6253
E-mail sunin72@chol.com

정 가 14,000원

ISBN 978-89-5933-791-0 94900
　　　978-89-5933-473-5 (세트)

■ 저자와의 협의에 의해 인지 생략.
■ 잘못된 책은 교환해 드립니다.

강제동원 & 평화총서
담장(談場) 제5권
7

기록

화태에서 온 편지 1

구 술 김귀남·백봉례·윤도연
엮은이 정혜경
사 진 이승민

도서
출판 선인

목차

『기록 – 화태에서 온 편지1』은 남사할린[당시 지명 일본국 가라후토樺太]로 동원된 남편을 70년 넘도록 기다리는 할머니들이 간직해 온 몇몇 자료와 그들의 구술기록을 정리한 책이다.

이 책은, 누군가에게는 너무도 흔한 사진이나 편지봉투 조차 갖지 못한 이들이 눈빛으로 표정으로 보여주는 스토리텔링이다. 또한 누구나 당연히 가질 수 있다고 여기는 신원증명서 한 장을 찾기 위해 수년간 고군분투하는 '기록 찾기'의 궤적이기도 하다.

70년 전에 십대였던 어린 새색시 앞에 멈춰 버린 역사의 시계추는 움직일 줄 모른다. 본인은 아흔 살이 넘은 할머니가 되었지만 '화태로 간 신랑'은 그저 '신랑'이다. '할아버지'라는 단어는 상상 조차 할 수 없다.

이제 '화태로 간 신랑'은 돌아올 수 없다는 것을 알지만, '새색시'는 미련을 버리지 못한다. 행여 어딘가에서 나타날 것 같아 미리 장만해 둔 고운 옷을 다시금 챙겨본다.

미련을 버리지 못하기는 자식들도 마찬가지이다. 얼굴도 기억하지 못하는 아버지, 생사여부도 알 수 없고, 묘소도 모르고 기일도 몰라 제사상에 물 한 그릇 올리지도 못하지만 여기저기 기웃거린다. 소식 한 자락이라도 얻어 볼 요량에….

식민지를 경험하지 못한 세대가, 이들이 소중히 간직해 온 '모서리가 떨어져나가 온전치 못한 편지 봉투 하나, 빛바랜 사진 한 장'에 담긴 의미를 이해할 수는 없다.

그러나 조금만 노력한다면 70년이 넘도록 사할린에서 돌아오지 않는 가족을 기다리는 사람들이 있다는 정도는 알 수 있을 것이다. 그리고 조금 더 노력한다면 그들이 기억하려는 것도 이해할 수 있을 것이다.

그런데, 왜 노력해야 하지?

내 주변에는 일본이 저지른 전쟁 피해자가 없는데, 우린 아시아태평양전쟁과 상관없는데….

그것을 알아야 계속 전쟁 없는 세상에서 살 수 있기 때문이야.

그것을 알아야 다시는 억울하게 가족을 잃고 70년이 지나도록 기다리는 어처구니없는 세상과 만나지 않을 수 있기 때문이야.

김귀남
백봉례
윤도연

첫 번째 책의 주인공들이다.

이 책의 주인공은 글이 아니라 이미지이다.

이들이 가진 자료와 사진을 모으고 사진 작가 이승민의 사진과 함께 편집한 후 이들의 구술을 곁들였다.

첫 번째 책으로 그치지 않을 '화태로 간 신랑' 이야기를 펼쳐보자.

정 혜 경

*책 편집을 마친 1월 30일, 생사를 모르던 김귀남 할머니 신랑(이성묵) 소식이 들려왔다.
 '사할린 공동묘지에 잠들었다'는 소식. 73년만의 선물이다.

1. 나 좀 화태에 데려다주오!
_김귀남

구술 : 김귀남, 이화진
면담·정리 : 정혜경
사진 : 이승민

그림 1_ 해방 직전, 김귀남의 남편 이성묵이 사할린에서 마지막으로 보내온 사진
[가족 제공 자료]

누구일까요

이 멋진 남자는 누구일까.
곱게 차려입은 양복저고리와 조끼, 하얀 바지.
저고리 주머니에는 만년필도 꽂혀 있다.
이 남자는 무엇을 하던 사람일까.

1945년 해방 직전,
김귀남(1923년생)의 남편이자
이화진의 아버지인 이성묵李成黙이
사할린에서 마지막으로 보내 준 사진이다.

김귀남과 이화진의 남편과 아버지의 유일한 모습이다.
이화진이 단 한 번도 본적이 없는 아버지 모습.
김귀남이 열아홉 살에 헤어진 후
다시는 만나지 못한 남편의 모습.

김귀남과 이화진은
이렇게 멋진 남편과 아버지를 왜 만나지 못하고 있는가.
그는 지금 어디에 있는가.

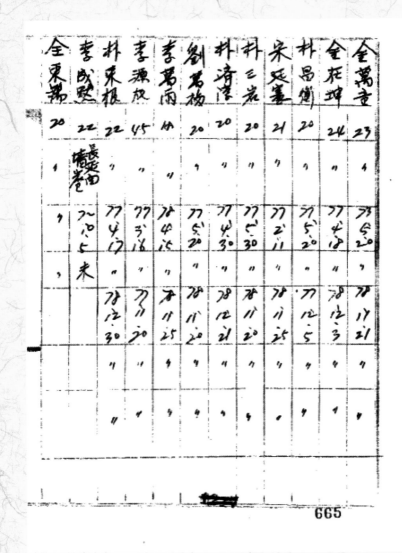

665

그림 2_ 검증─왜정시피징용자명부. 왼쪽에서 두 번째 칸에 이성묵의 이름이 보인다.

검증-왜정시피징용자명부에 남은 이성묵의 기록

한국정부가 남긴 명부
왼쪽 끝에서 두 번째 부분에
'장연면 출신 이성묵이 22세에 동원되었으나 아직 돌아오지 않았다[未]'고
기재되어 있다.

＊검증-왜정시피징용자명부
1957~1958년 한국 정부가 신고받아 만든 왜정시피징용자명부를
2005~2007년간 한국 정부(국무총리 소속 일제강점하강제동원피해진상규명위원회, 현재 이름 대일항쟁기
강제동원피해조사 및 국외강제동원희생자 등 지원위원회)가 전수조사를 통해 검증한 명부

이성묵

1921년 11월 20일 충북 괴산군 장연면에서 출생
1943년 3월경 강제 동원되었다.
화태에서 편지와 사진을 보낸 적이 있으나 6.25 이후 소식이 끊겼다.
이성묵은 고향에 아내 김귀남과 딸 이화진을 남겨두고 떠났다.

김귀남과 이화진은,
이성묵이 화태에서 무슨 일을 했는지, 해방 후에 어찌 살았는지,
지금은 어찌되었는지
아무 것도 모른 채 70년이 넘도록 남편과 아버지를 기다리고 있다.

그림 3_ 엄마와 딸 : 김귀남과 이화진[가족 제공 자료]

칠순의 딸과 구순의 어머니

구순이 넘은 어머니는 지난 겨울에도 어김없이 김장을 해 주셨다.
잘 걷지도 못 하시면서
생업 현장에 나선 칠순이 넘은 딸 생각에
힘들게 김장을 하신 것이다.

하나밖에 없는 혈육이지만 곁에서 모시지도 못하는데,
어머니가 해 준 김장김치를 받고 만감이 교차했다.

그림 4_ 이화진의 자택(서울시 도봉구 쌍문동)에서[2012. 1. 7. 사진 : 이승민]

서러워, 서러워

어머니는 유난히 눈물이 많다.

2012년 1월에 어머니 구술인터뷰를 하러 여러분이 찾아오셨는데,
어머니의 눈물이 그치지 않아 인터뷰를 할 수 없을 정도였다.

'지금도 남편이 왜놈들한테 끌려가던 모습'이 생생하다면서
두 손으로 얼굴을 감싸고 흐느꼈다.
마치 아버지가 징용 간 것이 자기 탓인 듯….

6.25때 인민군으로 끌려 간
'천사 같은 둘째 삼촌(시동생)'을 떠올리면서도
서럽게 울었다.

한학자 집안에서 태어났으나

김귀남 할머니는 충북 괴산군 칠석면 솔골에서 태어났다.
6남매(1남 5녀) 중 맏딸(長女)이었는데, 지금 4형제가 살아남았다.
어릴 때에는 닥박골이라는 산에
남동생과 같이 밤나무를 지키러 다니곤 했다.

부친은 한학자(漢學者)였다.
주변 사람들이 양반이라고 했다.
세상 돌아가는 일에는 관심이 없고 법만 찾는 분이었다.
부친에게 글을 배우던 학생들이 월사금(月謝金)을 조금씩 냈으나
그것으로는 부족해서
어머니가 농사를 조금 지어가며 생활을 했다.
넉넉하지는 않았으나 그렇다고 곤궁하지도 않았다.

부친은 한학자로서 학생들을 가르쳤으나
여자들에게는 글공부를 안 시켰다.
편지를 못 쓰게 하려고 그랬다고 한다.
괜히 시집을 가서 친정에 편지나 보내고 하면 안 된다는 생각에.

그러나 김귀남 할머니 스스로 국문(한글)은 깨쳤기에
지금도 작은 글씨 까지 다 읽을 수 있다.

양반 집안으로 시집갔는데

17세 때 아버지가 골라준 혼처婚處로 시집을 갔다.
친정에서 30리 정도 거리가 떨어진 곳이었다.
시댁은 여흥驪興 이李씨 양반 집안이라고 했다.
시집을 가서 보니, 시어머니와 시할머니가 계셨다.
6남매의 맏며느리였다.
막내 시누이는 겨우 4살 먹은 아이였다.
신랑은 두 살 많았다.

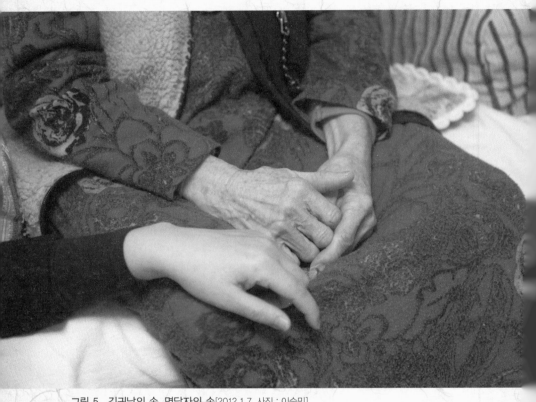

그림 5_ 김귀남의 손, 면담자의 손[2012.1.7. 사진 : 이승민]

영양실조로 뒤틀린 손가락

친정에서는 생활의 어려움을 전혀 몰랐으나
시집 간 후에 고생이 자심했다.
시댁은 생활이 곤궁했다.
쌀밥은 생각도 못하고, 좁쌀 밥도 넉넉하지 못했다.

"왜놈 새끼들이 가마 안 치면 배급配給도 안주고 그러는 거 아니유!"

가마니를 짜서 공출한 대가로 돈을 조금 받아 좁쌀을 한 되 사서
모든 식구들의 배를 채웠다.

어린 신부는 영양실조에 걸려서 손가락이 뒤틀렸다.

그림 6_ [2012.1.7. 사진 : 이승민]

우리 딸, 재상 만든다

시어머니와 시할머니, 시누이가 잘해주었고,
신랑도 징용 떠나기 전에는 많이 챙겨 주었다.
비록 배운 것은 없었지만 똑똑한 남편이었다.
아기 가졌을 때 남편이 과일을 사다들고 와서
'할머니 드리지 말고 혼자 먹으라'며 챙겨주기도 했다.
딸을 낳은 후에는 더욱 잘해주었다.
아기를 구석에 세워놓고 '유국有國 재상 만든다'며 좋아 했었다.

그림 7_ [2012.1.7. 사진 : 이승민]

□ 떨려서 말도 안 나와

귀남 할머니는 19세 되던 음력 2월 22일에 딸을 낳았다.
그리고 9월에 남편이 징용을 갔다.
동네에서 청년 4명이 떠났다.
이 가운데 돌아온 사람은 아무도 없었다.

"갑자기 끌려 갔대니까? 왜놈한테"
"그 소리만 하면 떨려서 말도 안 나와"
"떠나는 사람도 눈물 흘리고 나도…"

끌려 나가는 것을 보고 할머니는 두 다리 펴고 울었다.
서럽게 울었다.

남편이 떠나던 상황에 대해서는 아무 기억이 없다.
어디에 모였다가 어떻게 갔는지도 모른다.
나중에 다른 사람한테 들었을 뿐이다.

그림 8_ [2012.1.7. 사진 : 이승민]

갑자기 나타난 시아버지

시집을 간 후 얼마 되지 않아 시어머니가 세상을 떠났다.
임신 중이던 시어머니가 출산 중 사망한 것이다.
그토록 잘 해주던 시어머니가 사망하고, 남편도 징용을 가고 없는데
생각지도 않게 시아버지가 집으로 들어섰다.
결혼할 당시에는 시아버지가 계시지 않는다고 했는데
나중에 알고 보니 타지에서 생활하고 있었다.

시아버지는 세상이 다 알아주는 멋쟁이였으나
속병을 앓고 있었고, 생활에는 관심이 없었다.

일본 화태에 와 있다!

신랑이 징용 간 지 몇 달 후에 살아 있다는 소식이 왔다.
'일본 화태樺太에 와서 잘 있다'는 편지였다.
당시는 화태가 일본 땅이었단다.

남편 없는 생활은 힘들었다.
정신대 안 끌려가게 한다고 시누이를 옷장 안에 숨기기도 했다.
어려운 시절이었다.
그러나 희망을 가지고 살았다.
신랑이 꿈에라도 보인 날은 더 신나게 일을 했다.

해방되기 전에
연풍 마을 사람이 화태에서 나와서 남편 소식을 전해주었다.
신랑이 "해방되면 나온다"는 말을 전해달라고 했단다.
그 사람은 남편이 써준 편지를 가지고 오다가
물에 빠트려서 잃어버렸다고 했다.
그나마 이내 죽어서 화태에 관한 자세한 내용도 들을 수 없었다.

그림 9_ [2012.1.7. 사진 : 이승민]

만세고 뭐고

남편 소식을 들은 후 얼마 안 되어 해방이 되었다.
다들 해방되었다고 만세를 부르고 야단을 치는데,
김귀남은 남편 소식만 기다렸다.

"나는 만세고 뭐고, 내 식구가 안 오는데 만세가 나와? 안 나와"

남편을 기다렸다. 그러나 남편 소식은 똑! 끊어졌다.
화태로 가는 길이 딱 막히니

"죽었나 살았나 하는 생각이 들어"

그나마 남편이 보내온 편지는 난리통(6.25)에 잃어버렸다.
난리통에 딸을 안전하게 피신시키려다가 발목도 삐었다.
괜한 자책만 한다.

"내가 복을 못 타고 나서 그런가…"

그림 10_ 유일한 내 편, 내 딸 이화진[가족 제공 자료]

한국군과 인민군으로 갈라선 시동생들

6.25가 나자
늘 형수를 위해주던 '천사 같은 둘째 시동생'이 이북으로 끌려갔다.
억울하게도 인민군이 된 것이다.
꿈에 빨간 산에 쟁기를 끌고 올라가는 둘째 시동생 모습이 보였다.
그런데 막내 시동생은 한국군으로 참전했다.
형제가 인민군과 한국군으로 흩어진 것이다.
동네에서 민간인 학살사건도 있었다.
무서운 세상이었다.

ㅁ 어이없는 양아들 입적

다행히 막내 시동생은 무사히 귀가했으나
둘째 시동생은 돌아오지 못했다.
막내 시동생은 결혼 후 1년도 못가 동서가 병으로 사망하자 재혼했다.
그러나 새로 들어온 동서는 자신이 데리고 온 세 살 난
아이까지 두고 가출해버렸다.
아이는 시누이가 키웠으나 호적이 없었다.

어느 날,
시아버지가 귀남 할머니에게 그 아이를 호적에 올리라고 했다.

'나는 양아들 필요 없다'고 땅을 치고 울었다.
'남편이 건강하게 걸어 나갔고, 내가 자식을 못 낳는 사람도 아닌데,
왜 이 아이를 내 호적에 올리느냐'며 울었다.

그러나 도리가 없었다.
시아버지의 뜻을 꺾을 수 없었다.
아이는 귀남 할머니 소생으로 입적되었다.
1951년이었다.

그림 11_ [가족 제공 자료]

어린 며느리

가계(家計)는 시할머니와 시아버지가 결정했다.
그러나 노동(勞動)은 며느리 몫이었다.
며느리로서 김귀남의 역할은 열심히 몸을 움직여 일을 하는 것 뿐.

어린 며느리는 안 해본 일이 없었다.
작은 체구였지만 산에서 풀을 꺾어 지게에 짊어지고 다녔다.
베를 짜서 팔기도 하고, 조금이지만 농사도 지었다.
도토리나무 등을 퇴비로 만들어 논에 가져다가 뿌렸으나
소출은 신통치 않았다.

살아남아야 하기에

김귀남은 헌신적으로 가족을 돌봤다.
콩잎을 따다가 한 솥을 끓여도 시동생과 조카들 6남매만 먹이고
자신은 먹을 것이 없어서 국물만 마셨다.
국수를 손으로 밀어서 해 먹여도 자신은 배를 곯았다.
막내 시동생에게 논을 팔아서 밑천을 해주었지만, 모두 날렸다.
할 수 없이 시아버지가 사다준 솜틀을 가지고 생활을 감당했다.
그러나 생활은 더욱 어려워졌다.
시할머니가 82세에 돌아가실 때까지 모셨다.
생활능력이 없었던 시아버지를 정성으로 봉양해서
깨끗한 노인네로 처신하게 했다.
사방四方 30리에서 "이형태(시아버지)!"라고 하면
곧고 경우 바르다고 소문이 날 정도였다.
시아버지는 남에게 인기가 있었지만
며느리에게는 고생만 시킨 셈이다.
어려운 살림에도 명주옷을 해서 입히는 등
시아버지를 지극 정성으로 봉양해
마을에서 효부상孝婦償을 준다고 했으나 '당연한 일'이라며 사양했다.

그림 12_ [가족 제공 자료]

절망한 며느리, 일어서는 엄마

그러나 이렇게 힘들게 가족을 봉양한 대가는 가혹했다.
시동생은 세 번째 아내를 얻자
동서가 낳은 자식 등 식구 6명을 거느리고
할머니가 살던 집으로 들어왔다.
귀남 할머니는 맏며느리였지만 있을 곳이 없었다.
여동생이 불러서 서울로 올라왔으나 그곳도 넉넉지 않았다.
경기도 여주에서 식모살이를 했다.

너무 가난해서 장풍국민학교에서 저런 딸이 없다고 할 정도로
재롱덩어리였던 외동딸을 중학교에도 못 보냈다.
간신히 국민학교를 마친 딸은 서울 종로에 살던 시누이집에 얹혀살았다.
그러나 시누이도 당숙집에서 부엌 일을 돌봐주던 어려운 처지라
계속 조카를 데리고 살 수 없었다.
절망한 김귀남은 약을 먹고 자살自殺을 기도하기도 했다.
그 후 형제들 집을 찾아다니며 아기 키우는 일을 하고 연명했다.
그러나 생활은 나아지지 않았다.

딸은 28세 늦은 나이에 결혼하였으나 굴곡이 심했다.
사위의 건강이 좋지 못해 딸이 사진관을 운영하며 생활하고 있다.
지금도 고생하는 딸이 안타깝고
딸에게 부담이 되는 것이 싫어서
여동생 집을 전전하다가
다행히 임대아파트에서 지내고 있다.

죽는 것도 쉽지 않아

김귀남은 얼마 전까지
매일 밤 12시에 찬물에 목욕을 하고 항아리에 물을 떠 놓고
남편 돌아오라고 기도했다.
그러나 돌아오지 않는다.

지금은 아무 희망이 없다.
그저 나라가 원망스럽고, 전쟁이 일어난 것이 원망스럽다.
삶의 의욕이 없으니 잠만 자게 된다.
조금만 걸으면 숨이 차서 자꾸 잠만 자고 있다.
누워있으면 아무 생각이 나지 않는다.

2년 전에도 자살하려고 수면제睡眠劑를 사 두었으나
포기하고 약을 내다 버렸다.
여동생 사는 동네에 비슷한 연배의 할머니가 수면제를 먹었는데
죽지 않고 깨어났다는 말을 들었기 때문이다.

죽는 것도 쉽지 않다.

그래도

그래도 남편은 만나고 싶다.
남편을 만나고 싶은 마음을 어떻게 말로 하랴.
남편이 화태에서 얼마나 고생을 하고 죽었는지 살았는지 궁금하다.
화태에 가봤으면 얼마나 좋을까!
다른 사람들은 화태에도 가보고 하는 모양인데….

그러나 내가 남편을 찾을 자격이나 되는지 자신이 없다.
모든 것이 다 내가 복이 없어서 이렇게 된 듯하다.

난리 만나서 당신이 고생했수

"남편이 살았기만 하면"

화태에 가서 남편을 찾으면,
"난리 만나서 당신이 고생했수"라고 말해주고 싶다.
그러나 살아있을 리 만무하다.
유골遺骨이라도 찾았으면 좋겠다.

"나라에서 유골이래도 어디 있데는 거 알아서 찾아주면,
한恨이 풀리고 마음이 조금이래도 낫지.
부모 동지간 떼어놓고 끌려간 사람이 오죽하겠어!"

"대통령님, 우리 영감 어떻게든지 찾아주세요.
세상이 이럴 수가 있습니까.
왜놈들한테 끌려갔습니다.
왜놈들이 끌어갔으니까, 대통령님이 어떻게든지 찾아줘요.
찾아줘…."

"나 죽기 전에 찾아 주세요. 예?"

"꼭 찾아주세요.
진짜 죽어도 눈을 감고 죽지, 이대로는 눈을 못 감지."

"한恨이 없어요. 내 얘기…."

"그냥 영감 나가던 모습만 떠오르지"

그림 13_ [2012.1.7. 사진 : 이승민]

2. 신랑을 찾아주세요
_백봉례

구술 : 백봉례, 신윤순
면담·정리 : 정혜경
사진 : 이승민

그림 14_ 신완철이 고향에 보낸 편지봉투 뒷면
(1950년 1월 29일자 소인)[가족 제공 자료]

그림 15_ 신완철이 고향에 보낸 편지봉투 앞면
(1950년 1월 29일자 소인)[가족 제공 자료]

□ 내 아버지 신완철

없다!

아버지.
아버지 사진.
아버지 얼굴을 보고 싶어도 사진 한 장이 없다.

있다!

아버지가 멀리 소련 땅에서 보냈다는 편지 봉투가 있다.
봉투 안의 알맹이인 편지는 없지만 봉투는 있다.
이후에 추가된 여러 사람의 메모가
역사의 두께를 보여주는 두 개의 봉투.

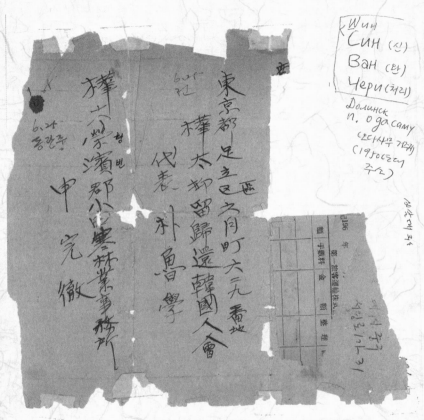

그림 16_ 가운데는 외무부 직원이 적어 준 박노학 회장의 주소이고, 맨 왼쪽과 오른쪽이 신완철이 1950년 6.25동란 중 보낸 편지봉투. 윗 부분에 여러 사람의 메모가 보인다. [가족 제공 자료]

편지 봉투

'1950.1.29일자' 소인消印이 찍힌 편지 봉투,
1950년 6월, 전쟁 직전에 온 편지 봉투.

'남화태南樺太 사카에하마군(榮濱郡) 오치아이쬬[落合町. 현재 지명 : 돌린스크] 오다사무[小田

寒. 러시아어로는 히루소바] 임업사업소'라는

주소가 적힌 것으로 보아

돌린스크 지역의 벌목장에 있었던 듯 하다.

전쟁이 끝난 지 5년이 되었으나 '가라후토(樺太)'라는

지명을 그대로 적었다.

1943년 9월 30일[음력. 양력으로는 10월 30일]에 사할린으로 '징용 간'

신완철[호적 이름 신경철申京徹. 1919.6.11. 임실군 신덕면 출생]의 가족들이 가진

유일한 기록이다.

읽을 수도 가질 수도 없었던 편지

원래 신완철이 보낸 편지는 이것만이 아니었다.
신완철은 1년에 두세 번 편지를 보냈다.
그러나 편지는 부친(백봉례의 시아버지)이 받아 남의 눈을 빌어 읽고,
답장도 남의 손으로 써서 보냈다.
당시 편지봉투 러시아주소를 쓸 줄 아는 사람은
전주 시내 중학교 교장선생님 한 분이었으므로
그 분을 찾아가 편지 봉투를 써서 보냈다고 한다.
편지 왕래는 6.25 이전까지 있었던 것 같다.

□ 이게 네 아버지다!

남편이 징용을 가고 혼자 시댁에 남은 백봉례가 19살에 딸을 낳자
시아버지가 편지를 보내 아이 출생 소식을 알렸더니
반가운 답장이 왔다.

'여식女息이지만 잘 키워라. 3년만 기다리면 가서 보답한다.'

정 깊은 남편의 편지.
백봉례는 그 편지마저 직접 간직하지 못했다.
그저 시아버지 어깨너머로 볼 뿐.
시아버지가 간직했던 편지는 다 사라지고
두 장의 편지봉투는
시아버지의 사망에 임박한 시기에 손녀에게 전해졌다.

"이게 네 아버지다.
너는 나이가 어리니 세상이 변하면 언젠가는 만날 것이다.
잘 간직하고 있어라"

할아버지가 생을 마감하기 직전에 손녀(신윤순)에게 남긴
유언遺言이었다.

박노학 회장 주소와 이름이 적힌 메모의 존재는 무엇인가.
박노학이 화태억류귀환자동맹을 결성한 시기는 1958년인데⋯.
신완철의 유복자 신윤순이 외무부에 찾아갔을 때, 직원이 적어준 메모이다.

박노학 朴魯學

일본이 1956년에 일본인 여성과 결혼한 배우자를 철수시킬 때 일부 한국 남성도 귀환 대
상자에 포함되어 사할린을 떠나게 되었다. 그런데 남편과 자식만 해당되었다. 시부모도 제
외되었다. 부모를 버리라 하니 이를 거부하고 귀환을 포기한 남편도 있었다. 그러나 이 기
회에 한인 일부가 돌아올 수 있었다.

이들은 일본인 아내와 같이 돌아왔으므로 대부분 일본에 정착했다. 그들 가운데 한 사람이
박노학이다.

그는 동포들을 남겨놓고 자신만 돌아온 것을 안타까워했다. 그래서 돌아온 직후인 1958년
도쿄에서 '화태억류귀환자동맹'을 결성하고, 사할린 동포들의 귀국 촉구 운동을 시작했다.
1966년에는 5,800여 명의 귀환 희망자 명부를 작성해서 한일 양국에 제출했고, 어려운
생활 속에서도 각종 소송을 제기하거나 지원했다. 또한 몇몇 동료들과 같이 평생 사할린 동
포들의 우편배달부 노릇을 했다.

당시 사할린은 소련 땅이라 한국과는 우편물을 주고받을 수 없었지만, 일본과는 가능했다.
그래서 사할린 동포들이 일본의 박노학에게 편지를 보내면, 그는 노트에 편지를 보낸 사람
의 정보를 기록하고 편지 내용을 일일이 손으로 옮겨 적어 한 부를 복사해둔 다음, 원본을
한국으로 보내 가족을 찾아 전해주었다. 주소가 정확하지 않아서 가족을 찾기가 쉬운 일이
아니었다. 이 일을 위해 한국에 사는 가족들의 도움도 받았다. 개인 차원에서 시작했지만,
뜻을 같이하는 사람들이 모이기도 했다. 그래도 여전히 외로운 일이었다.

박노학의 작업은 귀환의 희망을 버리지 못하던 사할린 동포들에게 큰 도움이 되었다. 평생
동안 이 작업을 했으므로 주고받은 편지의 양이 상당했다. 지금 알려진 편지만 1,350통이
다. 그런데 편지의 양도 대단하지만 박노학이 작성한 기록도 대단하다. 편지의 내용은 각자
자신의 가족에 대한 내용이 대부분이지만, '지금 누구누구와 같은 마을에 살고 있다'는 식의
편지도 있어 당사자가 아닌 다른 사람의 정보도 알 수 있다. 박노학은 노트에 그 내용을 전
부 옮겨 적어 일종의 사할린 동포 명부를 만들었다. 자신의 삶을 다 바쳐 평생 이 일을 했다.
정부(국무총리 소속 대일항쟁기강제동원피해조사 및 국외강제동원희생자 등 지원위원회)
에서는 이 노트를 「화태한국인 귀환희망자 명부」라고 부르는데, 모두 1,414명의 정보가 담
겨 있다. 편지와 명부는 1988년에 박노학이 KBS에 기증했고, 2008년 초 아들 박창규朴
昌圭가 위원회에 다시 기증하여 소중하게 사용되고 있다.

― 정혜경, 「조선청년이여 황국신민이 되어라」 중에서

그림 17_ [사진 : 이승민. 2011.11.27.]

일본경찰도 못 찾아내는 깊은 산골

신완철의 아내,
백 할머니는 호적상으로는 1927년생이지만 실제는 1926년생 범띠이다.
전북 진안鎭安에서 6남매 중 셋째로 출생했다.

부모님에게는 농사지을 토지가 없었다.
당국에서 만주滿洲로 가라고 등을 떠다 밀자
만주로 가지 않으려고 산골로 들어가 화전을 일구고
감자와 옥수수 등을 재배했다.
속금산에서 화전을 이루어 생활하다가
나중에 임실의 문박골이라는 산골로 들어가 화전 생활을 계속했다.

"개밥 같이 먹고 살았지"

오빠[백남채]가 북선北鮮으로 동원되다가 도중에 탈출을 했으나
다시 잡혀가지 않았다.
워낙 산골 오지였으므로 일제 당국에서도 찾아낼 수 없었다.

처녀공출을 피해 16세 때 혼인

1942년 음력 섣달 그믐날,
백 할머니는 16살 때 처녀공출을 피해 23살 먹은 신랑과 혼인했다.
오국리에서 금정리라는 곳으로 한 고개를 넘어서 시집을 갔다.
시집을 간 곳도 산골이었다.

"사람이 하나도 없고 호랑이 나오는 데"
"호랑이가 밤에 우는 곳"

사는 거, 우습지도 않지

시부모, 시동생, 시누이, 신랑, 백봉례 이렇게 6명이 살았다.
시아주버니 부부가 있었으나 만주로 갔으므로 같이 살지 않았다.
시댁은 산골에서 농사를 짓는 집이었지만,
가난하기는 마찬가지였다.
결혼한 지 삼일 만에 식량이 떨어질 정도로 힘든 생활이었다.
시아버지가 품삯을 2~3일 해주고 가져온 쌀 한주먹으로
온 식구들이 멀건 죽을 끓여서 먹으며 견뎠다.
부엌에 가서 물만 끓여놓고 우물물로 배를 채운 적도 많았다.

"우습지도 않지, 사는 거."
"배고픈 것 같이 못 사는 것 없어"

귀한 집 딸 데려다가 굶겨죽이겠다

혼인한 지 1년이 지나자
돈을 가지고도 쌀을 살 수 없는 세상이 되었다.
배급제配給制 때문이었다.
신랑은 백 할머니가 겨우내 짠 삼베를 가지고
장인어른을 따라 읍내로 나가
쌀로 바꿔왔다.

어느 날 신랑이 쌀을 바꿔오면서
"귀한 집 딸 데려다가 굶겨죽이겠다.
친정으로 돌아가라.
가고 싶다면 보내주겠다"고 했다.
아내가 안쓰러워서 한 말이다.
신랑은 7살 아래인 아내를 동생같이 여기고 따뜻하게 대해주었다.

신랑은 정이 깊었다.
그러나 백봉례는 당시 너무 어렸고,
시부모와 같이 사는 처지인지라
남편의 정을 잘 느끼지 못하고 살았다.

갑자기 닥친 이별

그렇게 10개월이 지난 어느 날, 백 할머니 나이 17살 때
남편은 '징용'을 떠났다.
음력 9월 그믐날에.
이장里長[당시에는 구장區長이라고 불렀다]이 징용을 통보했다.
그러나 행선지는 알려주지 않았다.
데려갈 때에는 일본日本이라 했으나 이후에 편지를 보니
'화태樺太'였다.

시어른들은 '구장이 징용을 통보하면
이 삼 일 안으로 떠나야 한다'고 했다.
결혼하기 이전에도 남편은 여러 차례 징용을 강요당했으나
모진 폭행에도 가지 않고 버텼다.
혼인한지 3개월만에 징용장이 나왔는데 피해서 도주했다가 붙잡혀
시아버지와 함께 모진 매를 맞고 부자가 피똥을 쌌을 정도였다.
그러나 이번에는 피할 수 없다고 했다.
신랑은 '이번에도 도망가면 아버지가 매 맞아 죽을 것 같다'며
고개를 떨구었다.

"이럴 줄 알았으면 전에 갈 걸.
결혼을 해서 남의 집 귀한 자식 고생시키게 되었다"
남편은 후회했다.

그리고는 영영 돌아오지 않아

백 할머니는 급히 면綿을 잣아 바지저고리 옷 한 벌을 만들었다.
당시에는 목화도 공출로 모두 뺏기곤 해서
몰래 빼돌린 솜을 실로 만들어 옷을 지었다.
집에 솜은 있었으나
9월이라 솜을 넣지 않고 홑겹으로 만들었다.
신랑은 그 옷을 입고 징용을 떠났다.

그리고는 영영 돌아오지 않았다.

그림 18_ [2011.11.27. 사진 : 이승민]

지금도 호박죽은 안 먹어!

지금도 생각나는 일은, 호박죽이다.
먹을거리가 부족하니 늘 호박에 싸래기를 넣어 죽을 끓여 먹었는데,
징용 날짜를 받아둔 신랑이 볼 맨 소리를 했다.

"잘 지었거나 어쨌거나 내가 농사를 지었는데, 흰밥 좀 해주지.
맨날 싸래기 죽만 먹고 가냐"

백봉례는 이 말을 듣고 부랴부랴 밥을 해주었다.
다행히 그 해에 처음 곡식을 추수해 쌀이 있었다.
신랑은 아내가 해준 밥을 두 끼 먹고 떠났다.

떠나면서 신랑은 '3년만 고생하라'는 소리를 남겼다.
그러나 당시는 나이가 어려서 그것이 무엇을 의미하는지도 몰랐다.
"나 잘 갔다 올께"하는 남편의 말에도 부끄러워서
부엌 싸리문 뒤에 서서 나오지도 못했다.

"지금도 가슴이 아퍼."
" '세상에, 내가 가는데 나와 보지도 않는다'고 신랑이 투정했는데… "

그림 19_ [2011.11.27. 사진 : 이승민]

인사도 제대로 못하고

남편은 9월 그믐날 집을 떠나 임실읍에서 1주일간 대기했다.
당국에서는 여러 군데에서 사람을 데려가려고
읍에서 기다리게 했다.
이 기간 중에 시어머니가 매일 면회를 다녔다.
신랑은 아내가 보고 싶어 시어머니에게 '색시를 데리고 오라' 했으나
시어머니의 전갈에도 백봉례는 부끄러워서 면회를 못 갔다.
'이번에 보면 3년은 있어야 보니 꼭 데려 오라'고
했으나 안 갔다.

"수줍어도 얼굴이라도 볼 걸."
지금도 가슴에 맺힌다.

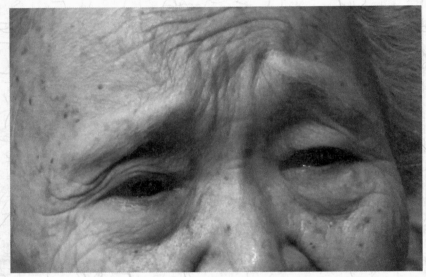

그림 20_ [2011.11.27. 사진 : 이승민]

한심한 세상을 살았어

징용 떠난 후 신랑이 입던 옷을 부쳐 왔는데,
연탄煉炭같이 새까맣다.
편지에서 탄 캔다는 이야기는 없었는데,
혹시 탄공장炭工場에 간 것인가.
알 수 없다.

"한심한 세상을 살았지요."

신랑에게 물품을 보낸 적도 없고, 받은 적도 없다.
다만 신랑이 첫 월급을 송금送金해준 적이 있다.
신랑은 첫 월급을 쪼개 시댁과 친정으로 각각 나누어서 보내왔다.
모두 시댁으로 보내면 아내 몫이 없을 것 같아 그리한 것이다.
그렇게 속이 깊은 남편이었다.

친정에서 기별이 와 가보니 신랑이 보내온 돈을 전해준다.
화전을 일구고 살던 친정 식구들도 하루하루 생활이
어려운 살림이었으나,
한 푼도 건드리지 않고 딸에게 그대로 전해준다.
순박한 이들이었다.

이 돈은 신랑이 보내준 마지막 선물이 되었다.

그림 21_ 신랑 같은 은반지[2011.11.27. 사진 : 이승민]

반지가 신랑이야

백봉례는 송금해온 돈으로 바로 반지를 만들었다.
남편이 오면,
'징표로 간직했었다'는 것을 보여주려고 만들었다.
당시는 손이 작아서 8모 반지를 만들었으나
이후에 손가락이 커져서 모양을 바꾸었다.
가슴 아픈 이야기라서 딸에게도 하지 않고, 보여주지도 않고
간직하고 살았다.

너무 어렵게 살아서 물로 배를 채울 정도였지만
단 한 번도 은반지를 팔 생각은 한 적이 없다.
백봉례에게 이 반지는 그저 은반지가 아니었다.
'신랑'이다.
그러니 어찌 팔 생각을 했겠는가.

"그렇게 어렵게 사셨는데, 반지를 팔아서 쓸 생각은 안 하셨어요?"
"아이구! 반지를 어떻게 판데요?"

그림 22_ [2011.11.27. 사진 : 이승민]

신랑은 언제 돌아올까

해방 직전,
만주滿洲에 갔던 시아주버니 가족이 돌아오자
시부모님은 가족을 이끌고 전주 사평리로 이사했다.
당시는 배급을 받아 생활하던 시기였는데,
전주 사평리로 가면 배급을 탈 수 있다 해서 이사한 것이다.

사평리에서는 논 7마지기를 마련해서 농사를 지었다.
그러나 공출을 하고 나면 생활이 되지 않았기에
배급을 받아 간신히 살았다.

석탄차 지붕에 사람이 하얗게 타고 왔는데

해방이 되었다.
해방이 되자 석탄차[화물열차] 지붕에 사람이 하얗게 타고 왔는데,
아무리 바라보고 있어도 신랑은 오지 않았다.

이미 시아버지가 사할린의 남편에게 전주로 이사했다고
편지를 보냈으므로
남편도 이사한 것은 알고 있었다.
그런데도 편지는 오지 않았다.
그동안 왕래하던 편지도, 소식도 모두 끊어졌다.
해방이 된 지 2년도 3년도 지났으나 남편은 오지 않았다.
그러다가 6.25가 일어나자 석탄차에 사람이 타고 오는 일은 없었다.
남편의 소식은 묘연渺然했다.
6.25 전쟁 일어나기 전과 직후에 편지가 왔으나 그것이 마지막이었다.

6.25가 일어나기 직전에 편지가 왔을 때,
온 동네 사람들이 모두 자기 일인 듯 기뻐해주었는데….

그림 23_ [2011.11.27. 사진 : 이승민]

밥벌레 밖에 안 되었어

신랑이 돌아오지 않았지만, 찾을 생각을 못했다.
그동안 왕래한 편지도 직접 본 적이 없었다.
시어른들이 전해주는 내용만 들었을 뿐.

"까막눈이 웬수여. 까막눈이 아니었으면 어디 알아도 보고 했을 텐데.
밥벌레 밖에 안 되었고"

다행히 서울에 올라온 후,
딸아이가 나서서 아버지를 찾아 나서기 시작했다.

그림 24_ [2011.11.27. 사진 : 이승민]

전쟁이 일어났다.

6.25전쟁.

전쟁이 터지자

시아버지는 백봉례에게 '손녀(신윤순)를 데리고 친정으로 가라'고 하고는

다른 식구를 데리고 당숙이 살던 구인면으로 먼저 피난을 갔다.

그래도 가족이 헤어질 수 없어

일곱 살 먹은 딸을 데리고 시아버지를 따라 갔다.

옷 보따리를 들고 40리를 걸어가는데

딸이 "배가 고파서 못 가겠다.

가다가 죽는 한이 있어도 못가겠다"고 한다.

아이를 달래서 간신히 구인면에 도착하니,

시아버지와 시당숙은 '이곳도 위험하니 친정으로 가라'고 돌려보낸다.

다시 아이를 데리고 힘들게 친정에 도착하니

이번에는 친정 부모님이

"불을 짊어지고 화약에 달려드느냐"고 되돌아가라고 한다.

컴컴한 데 불재라는 언덕을 넘어서 다시 구인면으로 돌아갔다.

어렵게 구인면에 도착하니,

이번에는 시아버지가 '왜 왔느냐'고 힐난한다.

할 수 없이 딸을 데리고 다시 전주 사평리로 돌아갔다.

"엄마 배 고파!"

그림 25_ 2014년 가을, 손자 결혼식장에서 백봉례와 신윤순[가족 제공 자료]

20대에 가장이 되어 삶의 한 복판에서

6.25 직후에 시아주버니가 폐병으로 사망하자
동서는 자식을 두 명 남겨둔 채 친정으로 돌아가 버렸다.
이제 조카들까지 백봉례가 부양하게 되었다.
겨우 20대 초반의 젊은 새댁이 가장家長이 된 것이다.
살기 위해 논을 팔고 구인면으로 들어갔다.
논 다랭이를 산 후 나무나 해서 먹고 산다고 들어갔으나
비료도 없으니 논에서는 소출이 거의 나지 않았다.
이후에 어렵게 장만한 논도 천수답이어서 소출이 없기는 마찬가지였다.
살 길을 찾아 혼자 전주 사평리로 나와 담배 장사를 하며
매달 쌀 1말을 구해서 구인면으로 들고 갔다.
그 쌀을 팔아 시부모와 딸, 조카를 먹이고 학교에 보냈다.
시누이도 시집을 보냈다.

그러나 백봉례가 했던 담배장사는 불법不法이었다.
전매청에서 담배 잎을 빼내 만든 잎담배를
구멍가게로 팔러 다니는 일이었기 때문이었다.
불법이었으므로 장사하다가 밤에 가택수색을 당해 물건을 빼앗기고
파출소에 잡혀가는 일이 허다했다.
그러나 내 가족을 지켜야 하므로 잘못된 일이지만 계속했다.
무서운 줄도 몰랐다. 창피한 줄도 몰랐다.
이런 일은 시어머니가 사망할 때 까지 계속되었다.

"배고픈 서러움이 최고 서러움"

시부모와 이별

시어머니가 사망하자 딸아이를 데리고 논산으로 와서 살았다.
시아버지와 조카는 시집간 시누이가 모시고 전주 사평리에서 살았다.
딸아이가 17세 때 시아버지마저 세상을 떠났다.
시부모는 참 좋은 분들이었다.
그들이 아니었으면 살 수 없을 정도로 좋은 분들이었다.
일제 때 그 가난한 시절에 닷새 동안 베 100자를 짜면
통보리쌀 1말을 받을 수 있었으나
며느리 고생하는 것이 안쓰러워서 하지 못하게 했던 시부모였다.
이제 세상에는 모녀母女만 남았다.

세상에 단 하나, 열 여덟 살에 얻은 내 딸

"새끼 배고프다는 소리는 내 배 고픈 것 보다 더 아파요"

생활하면서 가장 어려웠던 일은 '배고팠던 일'이다.

딸과 같이 서울로 올라왔다.
백봉례는 동대문 시장에서 한복, 버선, 속치마 등을
만드는 삯바느질을 하고,
딸은 낮에 시외버스 매표원으로 저녁에 검정고시 학원을 다녔다.
그 후 검정고시를 거쳐 예일여고 야간(고3)에 편입학하여 졸업했다.
주경야독晝耕夜讀의 생활이었다.

딸이 23세 때 결혼한 후 1년간 떨어져 살기도 했으나
그 후로는 계속 같이 살고 있다.
딸과는 조금만 떨어져도 살 수가 없다.

아버지 찾기

딸은 서울 생활을 하던 어느 날,
할아버지에게 받은 편지봉투를 들고 외무부外務部(현재 외교부)에 가서
'아버지를 찾아 달라'고 했다.

딸 아이 나이가 스무 살.
그 때부터 시작된 딸의 '아버지 찾기'는 좌절의 연속이었다.
1965년, 아버지를 찾아달라는 딸에게 외무부가 해준 일은
박노학의 일본 주소를 알려준 것 뿐이었다.
딸은 민간단체인 '중소이산가족회'에 가입하고
열심히 아버지의 생사여부生死與否를 찾아다녔으나 역부족이었다.
딸은 남대문시장에서 장사를 하면서
외국에서 고국방문단이 올 때마다 찾아달라고 부탁하고 다녔다.
1992년부터 영주 귀국이 시작되자
사할린 동포들에게 아버지를 찾아달라고 쫓아 다녔다.

그러나 찾지 못했다.

찾았다!

좌절의 연속이었다.

불가능해보였다.

더구나 당시는 사할린이나 소련에 연고가 있으면,

불이익 당할 까 걱정하던 시절이었다.

사위가 공무원이고 체신노동조합에서 활동하고 있어서

딸의 걱정은 더욱 컸다.

'부친이 사할린 징용에 갔다는 이야기도 못하고' 마음 고생하던 딸은

2005년에 생기를 찾고 다시 아버지를 찾아 나섰다.

신문기사를 통해 정부에 위원회가 문을 열었다는 것을 알게 되었고,

조사 과정에서 신랑의 기록이 담긴

왜정시피징용자명부를 찾았기 때문이다.

딸은 "그날 비로소 아버지를 찾았다"고 했다.

내 딸, 쓰러지지 마라!

"아버지에 대한 기록은 어디를 찾아도 없었어.
6.25때 면사무소 불이 나서 기록이 소실되어 없다는 거야.
금정리는 우리 어머니가 시집간 곳, 아버지가 징용간 곳.
정부에 공식 기록을 그때서야 안거야.
그날 비로소 아버지를 찾은 거야."(신윤순)

그 후로 딸의 발걸음은 멈추지 않고 있다.
'징용 간 아버지 기록과 묘지를 찾아 고향으로 모신다'며,
낮밤을 잊고 다닌다.
건강도 좋지 못해 매일 심장병 약을 한 주먹씩 먹으면서도
새벽에 눈만 뜨면 집을 나선다.
다른 유족들 기록도 찾아주고 유해도 모셔 와야 한다고 한다.
위원회도 살려야 한다고
추운 겨울에 박근혜대통령인수위원회 사무실 앞에서
며칠씩이나 1인 시위도 했다.

걱정이다.
저러다 쓰러지면 나는 어쩌나.

그림 26_ '신랑을 찾아주세요!'[사진 : 이승민]

바다라도 타고 사할린樺太에 가고 싶어

생활하는데 어려움은 없다.
평생 의지해 온 딸이 있고, 자상했던 남편의 추억이 있다.
지금은 남편이 징용 떠날 당시처럼 마음이 급하다.
빨리 소식을 알고 싶다.
금방 찾을 수 있을 것도 같다.
이제 기다리는 것은 남편이 아니라 남편 소식이다.
남편의 기록記錄이다.
뼈라도 한국에 돌아왔으면 좋겠다.

젊은 시절에는 신랑의 소식을 알기 위해
용하다는 무당집에도 여러 차례 다녔다.
무당집을 돌아다니다 어두워진 시골 길을 힘없이 돌아오는 백봉례를
시아버지는 안쓰러운 눈빛으로 맞아주었다.
무당은 신랑이 반드시 돌아온다며,
심지어 돌아오는 날짜까지 알려주기도 했으나 소용이 없었다.
어느 날 9살짜리 아기무당에게
"가는 길은 있어도 돌아오는 길은 없다"는 말을 듣고서야 포기했다.

저 놈 바다가 웬수다

간혹 가다가 떠오르는 신랑 모습은 떠날 때 모습이다.
바다를 보면 그렇게 원망스러울 수가 없다.
나는 바다라도 넘어 사할린에 가고 싶다.

"바다가 웬수다. 저놈 바다가 웬수다. 한恨스러워요."

나 죽기 전에는 얼른 신랑의 기록과 묘지를 찾았으면 좋겠다.

"정치하는 사람들이 잘못해서 이렇게 된 것.
이렇게 데려갔으면 빨리 찾아주어야지.
우리 같은 사람은 복장이 터지지.
나 죽기 전에 우리 딸이 애비 찾았다는 소리 듣고 싶지"

나는 할아버지 있다!

아버지 얼굴을 모르는 신윤순은
친구들이 아버지 자랑을 할 때 마다 속이 상했다.
다섯 살 때에는 아버지 보고 싶다고 떼를 써서
어머니 마음을 아프게 하기도 했다.
친구들이 아버지 자랑을 하면, 가만히 듣고 있다가
"나는 할아버지 있다"며 한마디 하는 게 고작이었다.
그 때마다 할아버지는
'네 아버지가 화태에 갔으나 곧 온다'며 달래주었다.

14세까지 구인면에 거주하다가 전주로 나와 있던 어느 날,
어머니가 논산으로 가자고 데리러 왔다.
이미 할머니는 사망하고
출가한 고모가 인근에 이사를 와서 할아버지를 맡게 되어
전주로 나올 수 있었다.
어머니는 연무대 신병훈련소 앞에서 담배장사를 하고 있었다.

찾고 싶다. 내 아버지를

열 일곱 살에 할아버지에게 아버지의 편지봉투를 받았다.
할아버지가 위독하다는 편지를 받고 찾아뵈니
사할린에서 온 편지봉투와
'네 엄마가 죽으면 내 옆에 아들 대신해서 묻어 달라'는
유언을 남겼다.
할아버지는 "너는 나이가 어리니
좋은 세상이 와서 아버지 찾을 때 필요할 터이니 잘 간직하라"는
말도 덧붙였다.
이 때 받은 편지봉투는 2개였다.

할아버지의 유언대로 잘 간직하고 있다가
스무 살 무렵인 1965년경에 외무부를 찾아가서,
"우리 아버지 찾아주세요"했다.
외무부 직원이 편지봉투를 받아서는 책상 서랍에 집어 넣길래,
거기 있는 주소라도 써달라고 하여 받아두었다.
직원은 박노학의 주소를 적어주며
'이곳으로 편지를 보내라'고 알려주었다.
당시 다니던 제일여객 종이에 외무부 직원이 적어주었다.
그뿐이었다.
외무부로부터는 아무 소식이 없었다.
주소는 받아두었으나 당시에는 일본어도 러시아 말도 모르고
사는 것도 급급하여 덮어두었다.

1974년에 나타난 아버지 흔적

그 후 결혼해 생활하자니, 아이들을 먹여 살리는 일이 더 중요했다.
당시 공무원 월급이 너무 작아 당국이 아내들에게
부업을 장려할 정도였다.
한 달 월급으로 쌀과 연탄을 사면,
반찬거리를 구하기 어려울 정도여서
호떡장사, 채소 장사, 맥주홀 경리 등 안 해 본 일이 없을 정도로
부업을 해서 생활비에 보탰다.
아버지 찾는 일은 잠시 접어 두었다.

1974년까지 아버지 소식을 포기하고 살았다.
1974년 5월 28일 신문기사(중앙일보)에서
부친 이름(신완철, 연고지 전주시)을 발견했으나
당시 남편이 체신노동조합에 다닐 때여서
사할린이나 소련에 연고가 있으면,
행여 불이익 당할까봐
'아버지가 사할린 징용에 갔다는 이야기도' 하기 어려웠다.

그림 27_ 중앙일보에 실린 명단 [가족 제공 자료]

「사할린」 억류僑胞 집단·居住地域

20個所 처음 밝혀져

귀환희망 6百17명밝혀

경기도 수원군 우정면 주곡리 외목. 정화마 이상룡
이상ㄹ 이상학 이상봉

그림 28_ 1974년 8월 30일 중앙일보 8면기사 [가족 제공 자료]

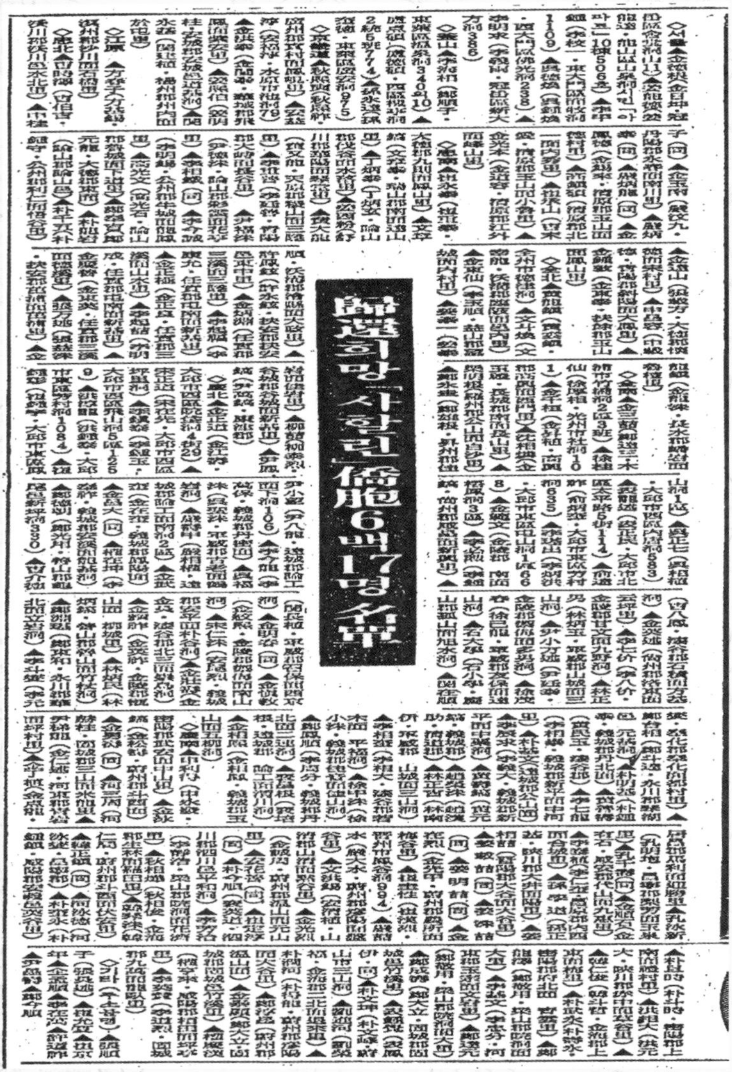

歸還희망「사할린」僑胞 6만7명 名單

그림 29_ [가족 제공 자료]

다시 아버지를 찾아

1974년경 대구중소이산가족회에 회원 가입했다.
가입번호 1360번

'돌린스크'
편지봉투 정보 옮겨 적은 종이를 복사해놓고
영주 귀국한 사할린 동포들에게 찾아달라고 했으나 찾지 못했다.
당시 남대문 시장에서 장사할 때,
고국방문단이 올 때마다 찾아달라고 했으나
불가능하다는 것을 알게 되었다.

그림 30_ 사할린 동포 김순희씨가 살던 집에도 찾아가 보고(2011.7.14 촬영. 사진에는 2006년이라 기재되어 있으나 기기상 촬영일시 지정 오류)[가족 제공 자료]

그림 31_ 사할린 출장소를 찾아 이정수 소장님에게 아버지 기록 찾는 방법을 문의(2011. 7.14)[가족 제공 자료]

일본도, 러시아도 아닌, 우리 정부에 인정받고 싶다

2011년 7월 12일에는 사할린으로 직접 찾아 나섰다.
아버지가 살았던 장소도 모르지만 무작정 나섰다.
아버지의 집은 아니지만 '아버지도 이런 집에 살았겠지' 하는 마음으로
동포의 집도 따라가 보았다.
가는 곳마다 물어보고 메모를 했다.
그러나 찾을 수 없었다.
그저 '우리 아버지가 살던 곳, 끌려와서 가족을 그리던 곳'을
마음으로 확인하는 길이었다.

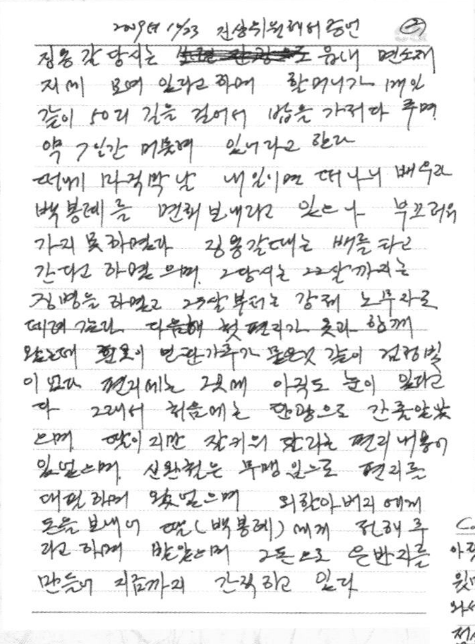

2009년 1/23 진상위원회에 증언 ②

징용 갈 당시는 ~~[illegible]~~ 읍내 면소재
지에 모여 일하고 하여 할머니가 1개인
같이 50리 길을 걸어서 밥을 가져다 주며
약 7일간 머물며 일하다고 한다
떠나기 마지막 날 내일이면 떠나니 백옥과
백봉례를 면회 보내라고 했으나 부끄러워
가지 못하였다 징용 갈 때는 배를 타고
간다고 하였으며 그 당시는 22살까지는
징병을 하였고 23살부터는 강제 노무자로
데려 갔다. 다음해 첫 편지가 옷과 함께
왔는데 흰옷이 변한 가루가 묻은 것 같이 검정빛
이 보았다 편지에는 그곳에 아직도 눈이 있다고
다 그래서 처음에는 만주로 간 줄 알았
으며 옆이지만 잘 계시다는 편지 내용이
있었으며 신완철은 무맹인으로 편지를
대필하여 왔었으며 외할아버지에게
돈을 보내어 딸(백봉례)에게 전해 주
라고 하여 받았으며 그 돈으로 은반지를
만들어 지금까지 간직하고 있다

그림 32_ [가족 제공 자료]

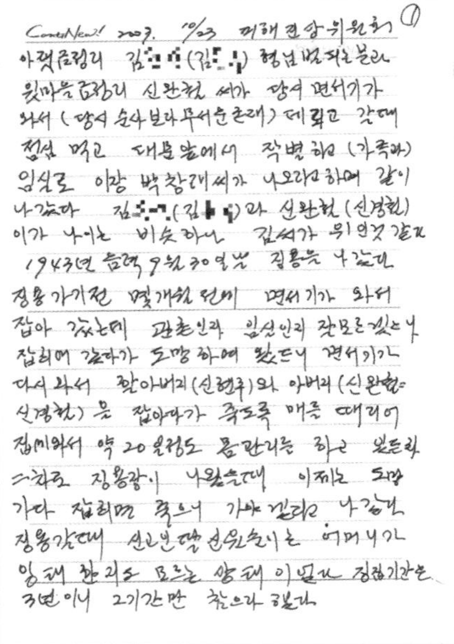

2007. 10/23 피해 진상 위원회 ①

아랫금평리 김[redacted](김[redacted]) 형님 말씀으로는
윗마을 금평리 신완철 씨가 당시 면서기가
와서 (당시 순사보다 무서운 존재) 데리고 갔대
점심 먹고 대문 앞에서 작별하고 (가족과)
임실로 이장 박창래 씨가 나오라고 하여 같이
나갔다 김[redacted](김[redacted])과 신완철(신경철)
이가 나이는 비슷하나 김씨가 위인 것 같고
1943년 음력 9월 30일날 징용을 나갔다
징용 가기 전 몇 개월 전에 면서기가 와서
잡아 갔는데 관촌인지 임실인지 잘 모르겠으나
잡혀 갔다가 도망하여 왔더니 면서기가
다시 와서 할아버지(신현주)와 아버지(신완철=
신경철)을 잡아다가 죽도록 매를 때리어
집에 와서 약 20일 정도 몸 관리를 하고 있던 차
2차로 징용장이 나왔을 때 이제는 도망
가다 잡히면 죽으니 가야겠다고 나갔다
징용 갈 때 신고본댁 신옥순이는 어머니가
임신 한 지도 모르는 상태였고 징용 기간은
3년이나 2기간만 참으라 했다

그림 33_ [가족 제공 자료]

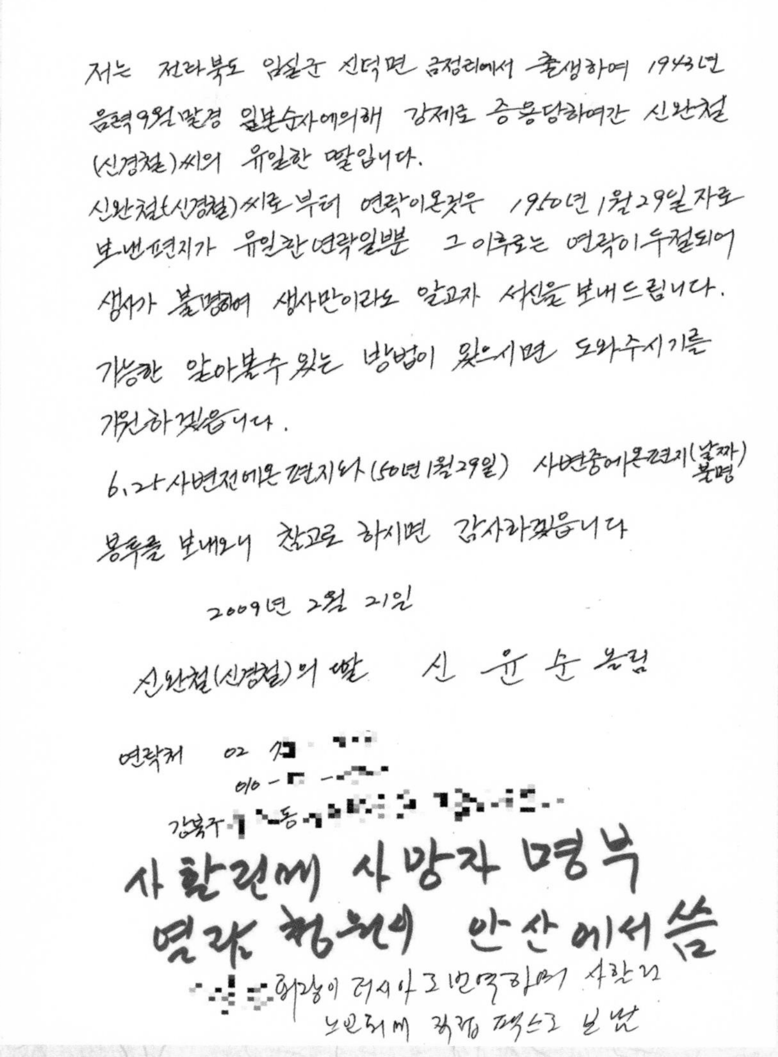

저는 전라북도 임실군 신덕면 금정리에서 출생하여 1943년 음력 9월말경 일본순사에의해 강제로 증용당하여간 신반철 (신경철)씨의 유일한 딸입니다.

신반철(신경철)씨로 부터 연락이온것우 1950년 1월 29일 자로 보낸편지가 유일한 연락일부분 그 이후로는 연락이두절되어 생사가 불명하여 생사만이라도 알고자 서신을 보내드립니다.

가능한 알아볼수 있는 방법이 있으시면 도와주시기를 가원하겠읍니다.

6.2.5 사변전에온 견지나 (50년 1월 29일) 사변중에받은편지 (날짜)
불명

봉투를 보내오니 참고로 하시면 감사하겠읍니다

2009년 2월 21일

신반철(신경철)의 딸   신 윤 순 올림

연락처 02 2□ □□□□
        010-□□□□-□□□□
강북구 □□동 □□□□ □□□□□

사 할 린에 사 망자 명 북
멸 과 첨 치에 안 산 에서 쓴

□□□ 희장이 러시아 그 민국하여 사할린
노인회에 찌김 펙스로 보낸

그림 34_ [가족 제공 자료]

2. 신랑을 찾아주세요 : 백봉례 _ 103

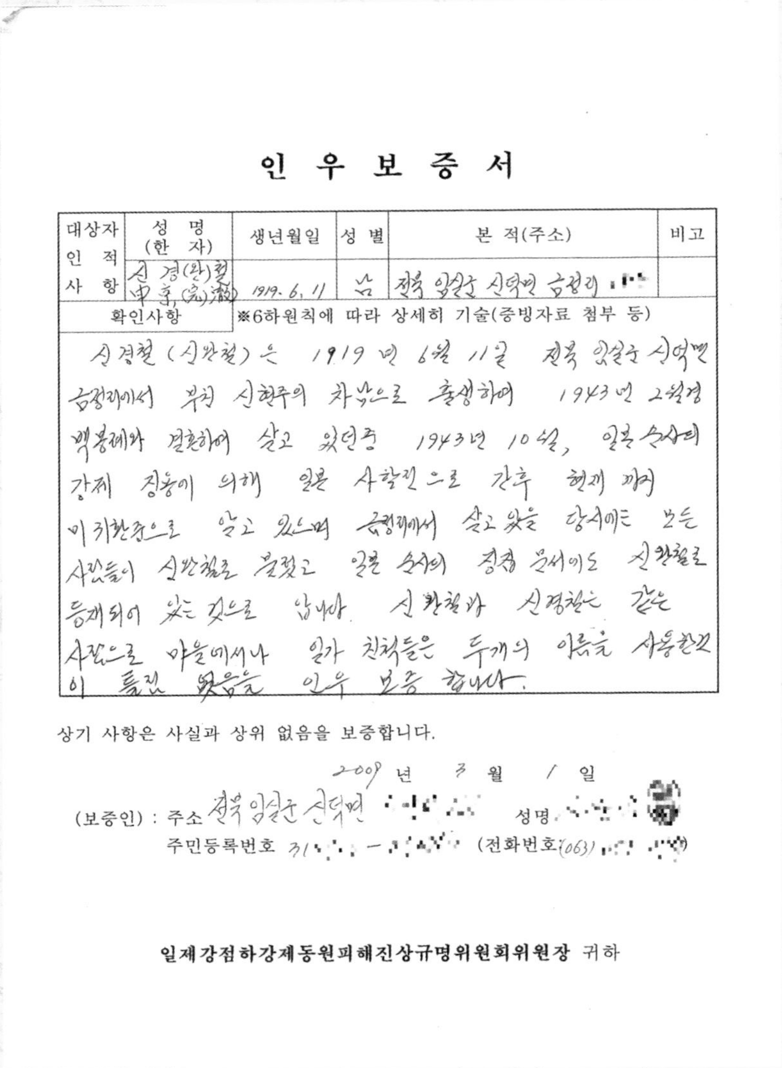

인 우 보 증 서

대상자 인 적 사 항	성 명 (한 자)	생년월일	성 별	본 적(주소)	비고
	신 경 철(申) 경 申 출(喆)	1919. 6. 11	남	전북 임실군 신덕면 금정리 ▨▨	
확인사항	※6하원칙에 따라 상세히 기술(증빙자료 첨부 등)				

신경철 (신환철)은 1919 년 6월 11일 전북 임실군 신덕면
금정리에서 부친 신현주의 차남으로 출생하여 1943 년 2월경
백봉례와 결혼하여 살고 있던중 1943 년 10월, 일본 순사의
강제 징용에 의해 일본 사할린 으로 간후 현재 까지
이 귀환못으로 알고 있으며 금정리에서 살고 있을 당시에도 모든
사람들이 신환철로 불렀고 일본 순사의 징용 문서에도 신환철로
등재되어 있는 것으로 압니다. 신환철과 신경철은 같은
사람으로 마을에서나 일가 친척들은 두개의 이름을 사용한것
이 틀림 없음을 인우 보증 합니다.

상기 사항은 사실과 상위 없음을 보증합니다.

2009 년 3 월 1 일

(보증인) : 주소 전북 임실군 신덕면 ▨▨▨▨▨ 성명 ▨▨▨ ▨
주민등록번호 31▨▨▨-▨▨▨▨▨ (전화번호(063) ▨▨ ▨▨▨

일제강점하강제동원피해진상규명위원회위원장 귀하

그림 35_ [가족 제공 자료]

104 _ 기록-화태에서 온 편지 1

유족주소: 서울특별시 ▓▓구 ▓▓▓동 ▓▓▓▓ ▓▓▓▓ ▓▓▓▓ 이아▓▓▓-▓▓▓
신 ▓순.

호주
명
(신 경 철   1919.   6. 11   이주소에서
  전북 임실군 신덕면 금정리 ▓▓ 번지   강제징용됨
전라북도

신 완 천   1919.   6. 11

본적: 전북 임실군 신덕면 금정리 ▓▓ 번지 ~징용당시주소.
      전라북도   징용당시
연락 : 1차 전라북도 임실군 신덕면 금정리 ▓▓번지 1945년편적함
        2차 : 전라북도 전주시 완주군 전주시 검암동   래관주소임

김▓씨 개인정보를 보니. 일본국 호적에 등재된 데로
려아미서 이기 하였다 하니.

상기 신완천도. 신경천이로도 기록이 됬수 밓기에
따 2가리로 검색은 부착드림니다.

지금까리는 편리봉록만 의존하여 신완천로만 찾아보앗
으나
이제는 호적의 이듬으로 찾나보는 것도 한나의 방법인 것 같습
니다.

강제징용당하여 한번 편리외 임금라 입문간의북이 한가두가 몰러 검렁옷이 되어
한국으로 듯아왔다. 그후 동봉한 편리 쿠소가 그개가 있습이다.

그림 36_ [가족 제공 자료]

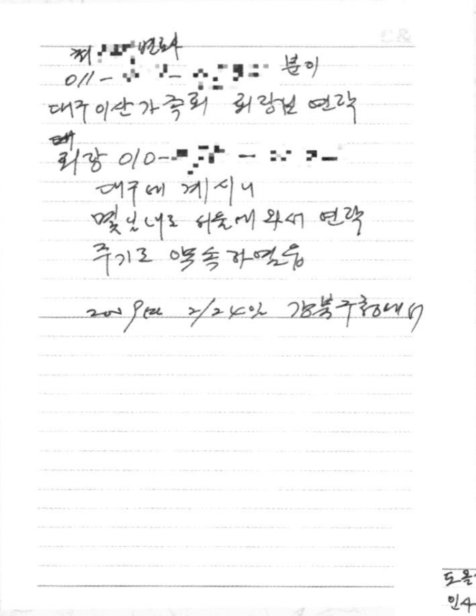

그림 37_ [가족 제공 자료]

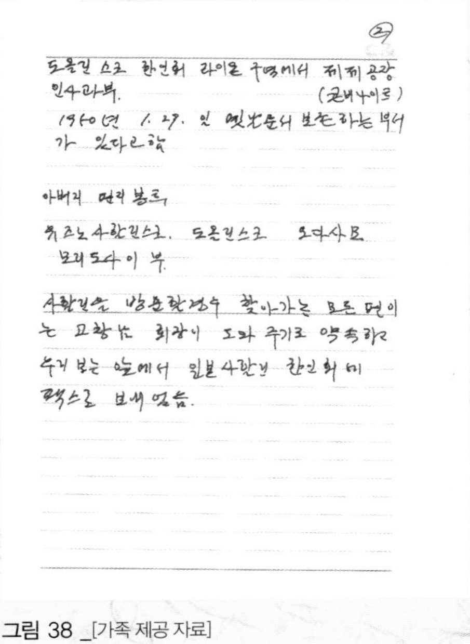

그림 38 _[가족 제공 자료]

□ 세상에 빛을 본 편지봉투

편지봉투는 고등학교 졸업장과 같이 간직했다.
주경야독晝耕夜讀했으므로 어머니에게 이런 이야기를 할 시간도 없었다.
편지봉투가 세상에 빛을 보기 시작하고,
어머니도 중요성을 인식하게 된 것은
위원회가 만들어진 이후이다.

2005년도에 신문기사를 통해 위원회를 알게 되었다.
위원회에 피해신고를 하기 위해 고향에 가서 호적을 확인하는 과정에서,
호적상 아버지 이름이 '신경철'이라는 것도 알았다.
이름이 틀리다고 첫 번째 피해신고판정에서는 떨어졌다.
다시 증거자료를 제출해서 피해자로 판정받았다.

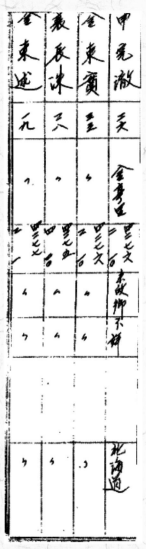

그림 39_ 왜정시피징용자명부 기록. 맨 오른쪽이 신완철

아버지 기록 : 왜정시피징용자명부

2009년 2월 17일,
이모부의 강제동원 피해신고서를 작성하는 과정에서
왜정시피징용자명부의 존재를 알게 되었다.
설마 설마 하며 국가기록원에 확인해보니, 아버지 이름이 있었다.

임실군 신덕면 금정리 출신 신완철申完澈 이름이 적힌 명부.
1943년 2월, 26세에 홋카이도로 동원되었다고 기록되어 있다.

비록 동원일시와 동원지역은 사실과 다르지만,
명확한 우리 정부의 공식 기록이다.

당시에 아버지를 사할린으로 끌고 갔고,
이승만 정부 시절에는 이장[일제 때 구장]을 하고 있었던
박창래가 신고했다고 한다.
어머니는 지금도 박창래의 이름은 또렷이 기억하고 있다.

그림 40_ 편지봉투를 들고 국회로 정부기관으로[가족 제공 자료]

찾아 나서자

왜정시피징용자명부에서 아버지 이름을 찾고 나니,
아버지 기록 찾기에 대한 열망이 더 강해졌다.
우리 아버지가 자식이 없는 것도 아닌데, 자식인 내가 찾아야지.

안산에 모여 사는 사할린 동포들에게 찾아다녔다.
시민단체도 찾아다녔다.
이들의 도움을 받아 사할린 한인단체에도 연락했다.
변호사도 찾아다녔다.
누구든 만나주기만 하면 고맙고 감사했다.
그러나 소득이 없었다.

이 때 알았다.
개인의 힘으로 가능한 일이 아니라는 것을.
정부가 나서야 한다는 것을.

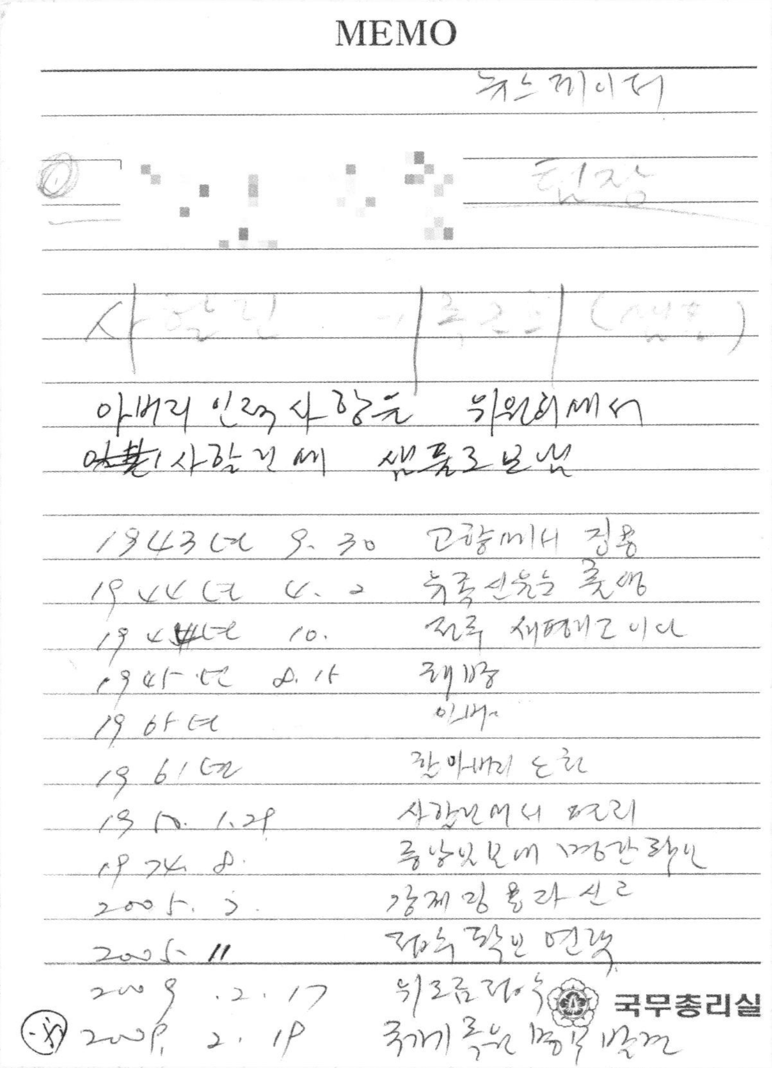

MEMO

뉴스레이더

동정

사장님   기증 (선물)

아버지 인적사항을 위원회에서
어뿐 사람인 게 샘플로 보냄

1943년 8. 30	고향에서 징용
19○○년 ○. ○	북국신용는 출액
19○○년 10.	최초 새편개고 이다
19○○년 ○.○	해방
19○년	인제
19 61년	할아버지 돌리
19○○. ○.○	사람인에나 외리
19○○. ○	중앙있모에 면관확인
2005. ○	강제임용자 신고
2005. 11	자속자인 연락
2008. 2. 17	위로금지정
○ 2009. 2. 18	국개족분 명의 받게

🏵 국무총리실

그림 41_ [가족 제공 자료]

112 _ 기록−화태에서 온 편지 1

의원님, 우리 아버지 찾아주세요

국회로 갔다.
아버지 편지 봉투 하나 들고,
국회의원 회관을 방방마다 두드렸다.

"우리 아버지 찾아주세요"
"우리 아버지 찾아 줄 위원회를 살려 주세요"
"우리 아버지 기록과 묘지를 찾을 예산을 주세요"

"나라 잃은 설움을 대물림하지 않기 위해
우리는 싸운다!"

(사)중·소이산가족회 수도권지역 **신 윤 순** 회장

그림 42_ [가족 제공 자료]

믿는 것은 정부 뿐

정부의 역할은 필수적이다.
위원회는 러시아정부와 협상을 벌여,
아버지 이름을 조회해달라고 명단을 사할린으로 보내기도 했다.
그러나 인적사항이 불명확해서 찾지 못했다는 답을 받았다.
그래도 찾을 수 있을 것 같았다.
위원회 전문가의 도움을 받아 다시 시도했다.

그림 43_ 아버지 기록(신상명세서)[가족 제공 자료]

사할린에서 찾은 내 아버지 기록

2013년 8월 15일,
사할린에서 연락이 왔다.

5년 전부터 내 처지를 안타깝게 여겨 아버지 기록을 찾아주시는
김복권[사할린정의복권위원장]씨의 연락이다.
'포로나이스크 레스프롬호스 히르소아 오트제레니여'에서
아버지 기록을 찾았다고 했다.

김복권 선생은 복사한 자료를 촬영해 파일을 보냈다고 한다.
그런데 집에 있는 프린터에 종이가 없어 출력을 할 수 없다.
일단 메일을 열어 파일을 USB에 옮겨놓고 날이 밝기를 기다렸다.
원래 심장병이 지병이기는 하지만,
가슴이 너무도 두근거려 밤새 잠을 이루지 못했다.
날이 밝자 위원회로 달려와 조사관에게 출력해달라고 했다.

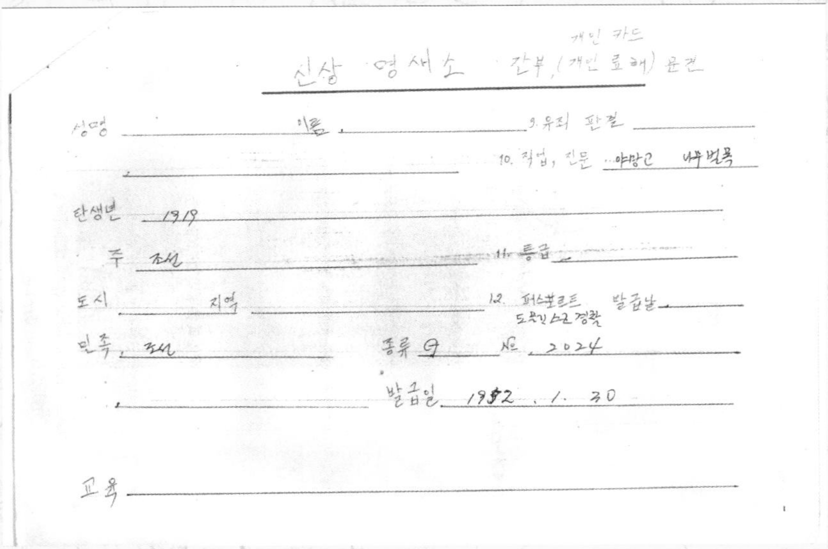

그림 44_ 신상명세서 내용의 번역본 [가족 제공 자료]

□ 내 아버지 신. 경. 철.

읽기도 어려운 키릴 문자 위에 적힌 신. 경. 철.

내 아버지다!
누가 뭐래도 내 아버지다.
벌목공이라는 글씨가 선명하다.
한 페이지짜리 자료에는 빈 항목이 더 많다.
항목에 담긴 내용은 몇 글자 되지 않는다.
이후 아버지 행적은 알 수 없다.
자료의 표지도 없어 출처도 알 수 없다.
그래도 좋다.
이게 얼마 만에 구한 기록인가.
너무 좋아서 미칠 것만 같았다.

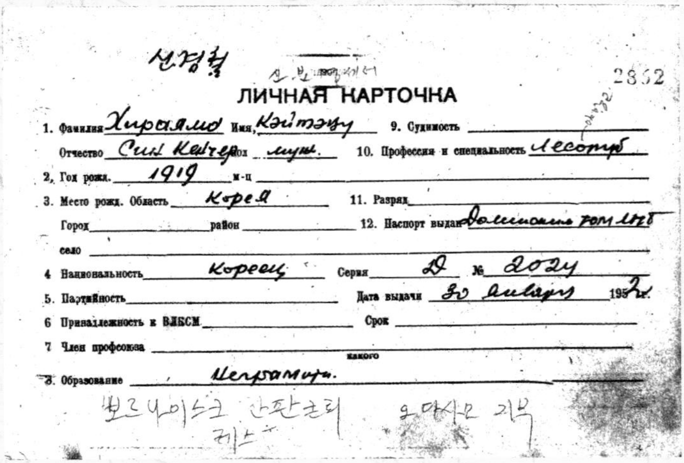

신경철

2852

ЛИЧНАЯ КАРТОЧКА

1. Фамилия Хираяма Имя Кэйтэцу 9. Судимость
Отчество Син Кенчер Пол муж. 10. Профессия и специальность лесоруб
2. Год рожд. 1919 м-ц
3. Место рожд. Область Корея 11. Разряд
Город район 12. Паспорт выдан
село
4 Национальность кореец Серия Д № 2024
5. Партийность Дата выдачи 30 января 1952 г.
6 Принадлежность к ВЛКСМ Срок
7 Член профсоюза какого
8. Образование малограмотн.

그림 45_ 아버지 기록 사본(앞면) [가족 제공 자료]

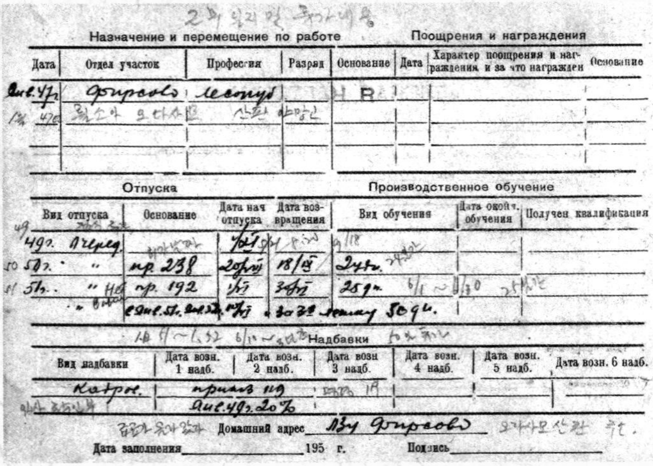

Назначение и перемещение по работе

Дата	Отдел участок	Профессия	Разряд	Основание
авг. 47 г.	Фирсово	лесоруб		

Поощрения и награждения

Дата	Характер поощрения и награждения и за что награжден	Основание

Отпуска

Вид отпуска	Основание	Дата нач отпуска	Дата возвращения
49 г. Очеред.			
50 г. "	пр. 238		
51 г. "	пр. 192		

Производственное обучение

Вид обучения	Дата оконч. обучения	Получен квалификация

Надбавки

Вид надбавки	Дата возн. 1 надб.	Дата возн. 2 надб.	Дата возн. 3 надб.	Дата возн. 4 надб.	Дата возн. 5 надб.	Дата возн. 6 надб.
Катрег.	приказ 119 авг. 49 г. 20%					

Домашний адрес Фирсово

Дата заполнения 195 г. Подпись

그림 46_ 아버지 기록 사본(뒷면) [가족 제공 자료]

길이 보인다

2014년 11월 5일,
김복권씨로부터 자료의 제대로 된 사본을 받았다.
작년에 받은 자료는 앞면만 있었는데
이번에 받은 자료는 뒷면까지 있다.
뒷면에도 기록이 있어서 내용도 지난 번 보다 더 많다.

1949년부터 1951년까지 벌목장에서 일한 기록이다.
1949년에 벌목장에 입사했다는 의미가 된다.
앞면에는 1949년부터 1951년까지 매년 휴가 간 기록과
입사일 3년간 근속기록이 기록되어 있다.

이 자료는 1952년 1월에 오다사무(小田寒)에서 퇴직할 때
노동증명서를 발급받기 위해 작성한 신상명세서라고 한다.
그렇다면 1952년 1월까지는 오다사무에 거주하고 있었다는 의미가 된다.
편지봉투에 적힌 주소와 동일한 지역이다.
이 자료를 통해 1952년 1월까지 아버지의 행적은 확인되었다.
이제 이후 기록을 찾으면 된다.

길이 보인다.
아버지를 찾을 방법이 보인다.
아버지, 조그만 힘을 내세요.
저에게도 당신의 사망기록과 묘지도 찾도록 힘을 주세요.

난 정병, 그러니까 군인으로 가서 죽은 사람들만 포함되었던 거예요. 그것도 100만 명이 함께갔는데 고작 30만 원씩 8천명만 보상했는 것도 황당하는 거죠. 그런데 몇 년 전에 최용백 변호사가 3년간의 한일법정 분석공개소송 중에 확인했으니까 정중히 호소로 2만 명 정도로 일본에서 무상 3억불을 받아야겠다 정부 나라님에게 다 써버렸더라고요. 그때 그렇게 만 정도 잘못했다고 밝혀 쓰는 게 아니고, 그 어려운 시기에 그 돈을 공장돈으로 썼던 우리나라가 이만큼 부강해졌으니까 이제는 나라가 그것을 희생자와 가족들에게 갚을 때가 됐다는 거죠."

신윤순 회장에 요즘 스케줄에 든 신문기자들의 명단을 하나하나 육펜으로 틈을 찾아가며 확인 중이다. 그렇게 하는 이유는 법 개정 후 희생자 가족들에게 지원신청을 할 수 없는 자료로 제공하기 위해서다. 그녀는 "희생자 가족들 중에는 몸마저 못 쓴 사람도 있고, 근거 서류가 없어서 못 쓴 사람들도 있다"며 한 사람이라도 더 혜택을 받을 수 있도록 하기 위해서라고 못 끝에 덧붙인 눈물을 반짝였다.

"그런데 일을 하다 보니까 단순히 보상금을 받는 게 다가 아니더라고요. 우편저금을 찾아야 돼요. 우리 아버지가 사할린에서 관리가서 돌아오지 못하고 일한 돈이 일원이든, 이원이든 찾아야 되요. 액수가 문제가 아니에요. 양식에는 보관해 만진다는 간소증은 했다는데, 단돈 백 십 사원 밖에요. 너무 애가 고파서 밥 세 끼가 사서 먹으면 끝이네요. 그걸 부서내고 준비서 나비에는 자기들이 그 저금을 사서서 안 한다는 거죠. 강제노동에 착취되고, 그리고선 강탈이 아니라 정상적으로 지방에서 돈을 받는 거예요. 그러니 그 돈을 아예가 안돼도 되돼 하는데 다 뜨고 싶다고 오리발을 내밀어요. 상황이 이런 태도 모른 정부는 사람인 정상처럼 우편저금 문제는 한일법정에서도 빠져 있는데, 왜 일본과 협상을 하지 않는지 모르겠어요."

신윤순 회장은 우리나라가 세계 몇 위의 경제대국이니, G20 정상회의 개최국이니 자랑하면서도 왜 일본과의 문제에 있어서는 단호하게 대처하지 못하는지 아쉽다며 한숨을 내쉬었다.

인터뷰를 마무리하며 신윤순 회장은 "이 일이 단순히 희생자 가족들의 보상만을 위한 건 아니"라며 "나라 잃어 당한 이 아픔을 대물림해서 알기 위해서"라고 강조했다. 역사에 대해서, 민족사에 대해서 오늘을, 그리고 내일을 살아갈 우리 후세들에게 물려주는 것이 무엇보다 중요하다고, "사할린 강제 징용사 등의 아픔과 상처를 통해 민족과 국가의 소중함을 후세들에게 심어주고 싶다고.

글. 후원민 기자 / 사진. 이경우 기자

그림 47_ 찾아야 한다[가족제공자료]

그림 48_ [가족제공자료]

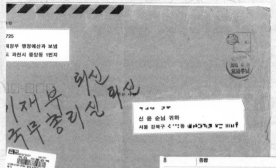

그림 49_ [가족제공자료]

"국가가 힘이 없을 때 희생된 이들 끝까지 책임"

그림 50_ 2010년 12월 2일자 국민일보 기사 [가족제공자료]

그림 51_ 해결해야 한다. 나와 같은 아픔을 가진 국내유족들 문제를 [가족제공자료]

유골 실태조사 예산 전액 삭감됐다

여야 합의한 6억8000만원 누락…유족들 분노 항의집회 준비

'예산 날치기'로 사할린 강제동원 유족 '눈물'

'표지실태조사비' 끌거둥…신유순씨, 의원실 들러 추가대책 요청

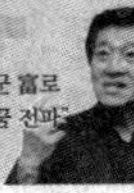

그림52_ 2010년 12월 6일 국민일보 기사

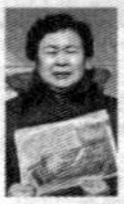

[가족제공자료]

국민일보 2010. 12. 18

그림53_ 2010년 12월 18일 국민일보 기사

[가족제공자료]

그림54_ [가족제공자료]

■ 국제미아 신세된 사할린 동포들

꿈에도 그리던 조국 귀환…

결혼 1년도 안돼 남편과 생이별한 백 복 례 할머니

머나먼 타국으로 강제노역 동원을 당한 사할린 동포들과 그 가족들의 슬픔은 언제 종식될 수 있을까. 사진은 사할린 귀환자들의 집단거주지인 안산 고향마을 앞에 세워진 동상. 잠들어 있는 어린 아이를 업고 있는 엄마의 모습 또한 구슬프게 보인다.

40년 동안 베일에 가려져 있던 '한일협정' 문서가 2005년 드디어 세상에 공개되면서 진실은 더욱 분명해졌다. 일본 제국주의는 말할 것도 없지만, 대한민국 정부 또한 일제피해자 문제에 자유롭지 못한 책임이 여실히 드러났기 때문이다.

특별법 제정, 진상규명위원회 발족에 이어 우여곡절 끝에 '태평양전쟁 전후 국외강제동원 희생자 지원에 관한 법률'이 시행되고 있지만, 이 또한 '절반의 명예회복'에 그치고 있다. 피해자들이 '지원법'에 왜 반발할 수밖에 없는지, 그 사례를 소개한다.

남편이 끌려간 지 한참 후 집에 웬 소포물이 도착했다. 풀어보니 징용갈 때 입고 간 남편의 옷가지였다. 그런데 온통 시커먼 연탄가루투성이었다. 끌려간 곳이 탄광이었던 모양이다. 한해 두해가 가고, 그 사이 아버지 얼굴도 모른 채 딸이 태어났다. 편지 왕래도 좀체 없었다. 글자에 어두웠던 남편인데다 현지사정이 여의치 않은 것 같았다. 그러나 '딸을 잘 키워 달라'는 부탁만큼은 또렷이 남아있다.

드디어 해방이 되고, 하나 둘 징용에 간 사람들이 돌아왔다. 어린 딸을 등에 업은 백씨의 발길은 어느새 전주 덕진역으로 가 있었다. 하루, 이틀, 사흘…. 그러나 기다리던 남편의 모습은 보이지 않았다. 마지막 기차의 손님이 사라질 때까지, 매번 그렇게 기다리다 허망하게 발길을 돌려야 했다.

그러던 어느 날 시동생 편으로 남편의 편지가 왔다. 주소는 사할린 남하태시 낙합정이었다. 뒤늦게 알았지만 사할린에 있다가 전쟁 막판에 소련군에 의해 졸지에 포로신세가 되고 만 것이다. 모진 고생 끝에 남들은 해방돼 고향에 돌아올 수 있었지만 사할린에 징용을 간 사람들은 오고 싶어도 올 수 없는 상황에 놓이고 만 것이다.

남편이 끌려간 후 하루는 친정아버지가 '은반지'를 들고 찾아왔다. 남편이 남은 식구들을 부탁하며 얼마의 돈을 부쳤던 것이다. 그 뒤로 남편의 소식은 더 이상 없었다. 해방 64년, 평생 홀로 살아 온 백 할머니에게 이제 남은 것은 남편의 체취가 배인 '은반지' 하나가 전부다.

"개가도 않고 저 하나 데리고 시부모 모시고 평생 홀로 살았죠. 할아버지가 돌아가시면서 하는 말이 '네 어머니 죽으면

그림 55_ 일제피해자신문에 실린 백봉례의 사연[가족 제공 자료]

그림 56_ [가족 제공 자료]

그림 57_ 호소합니다! [가족 제공 자료]

아버지가 보고 싶다

아버지가 보고 싶다.

"아버지 보고 싶으면 거울에서 네 얼굴을 보면 되. 너랑 똑같이 생겼어."
고향의 이웃 할머니 이야기다.

"에미를 잘못 만나서 고생했어."

"그래도 난 엄마가 있어서 행복했다우.
엄마 없이 고생한 사람이 얼마나 많은데,
아버지 징용가고 다른 집에 엄마 시집가고 그런 집이 얼마나 많은데.
잘난 아버지 열 명 보다도 우리 어머니가 있어서
가장 행복하다고 생각해.
일본이 우리 엄마 아버지 행복을 빼앗아가 버렸어.
그런데도 뉘우치지 않는 일본이 못 견디게 마음이 아파."

어머니의 나이는 아흔 살이 넘었다.
나도 일흔 살이 넘었다.
마음이 급하다.
그래도 나는 어머니가 있어 다행이다.
그것 하나만 생각한다.

3. 내 신랑은 얼른 죽어버렸어
_윤도연

구술 : 윤도연, 김원진
면담·정리 : 정혜경
사진 : 이승민

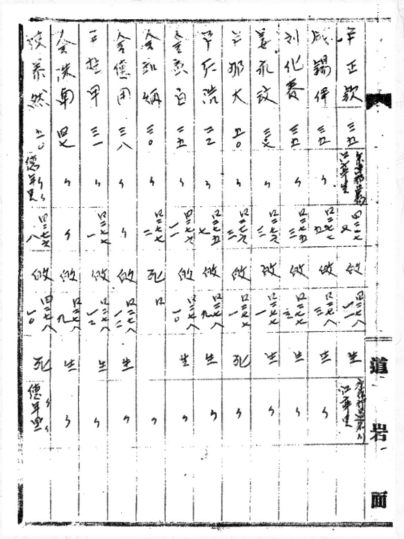

그림 58_ 왜정시피징용자명부에 기재된 김화병. 왼쪽에서 다섯 번째 칸에서 이름을
찾을 수 있다.

김화병金和炳 : 윤도연의 남편, 김원진의 아버지

왜정시피징용자명부에
'30세에 동원되었'다는 일시는 있으나
다른 이들처럼 돌아온 일시는 없다.

돌아오지 않은 남편
얼굴 한 번 본 적 없는 아버지

김화병

1917년 전남 강진군 도암면에서 출생
동네사람들 십 여 명과 같이 1944년 강제동원되었다.
고향에 아내와 딸 둘을 두고 떠났다. 아내의 뱃속에는 아기가 있었다.
해방 후에 연락이 끊어졌다가
1989년에 사할린에서 낳은 아들(김원태)를 통해 소식을 들었다.
1986년 4월 26일에 노워예촌에서 사망했다고.
사할린의 비행장에서 일했다고.
그래도 다행이다.
남들은 생사여부도 모른다는데,
우리는 남편 사망일자도 알고 얼마나 다행인가.
사진을 보니 장례식도 잘 치뤘네.

그림 59_ '어린 신부'는 구순의 할머니가 되어[2012.2.26. 사진 : 이승민]

어린 시절, 어린 신부

윤도연은 개띠(1922년생)이다.
올해(2015년) 만 93세이다.
전남 강진군 도암면에서 태어났다.
7남매의 맏딸이었다.
위로는 오빠가 둘이 있었고, 아래로는 여동생이 있었다.
어려서는 농사지을 땅이 별로 없어서 옹색했다.
형제들 모두 학교에 다니지는 못했다.
우리 집 소유의 땅이 있었는지는 잘 모른다.
오빠들이 남의 집에 일꾼으로 들어가기도 했다.
그러나 밥을 굶을 정도는 아니었다.
더구나 외삼촌이 이장里長을 하면서 조금 살기 좋아졌다.
18세에 중매로 혼인을 했다.

"신랑이름도 몰라"

그림 60_ [2012.2.26. 사진 : 이승민]

벼슬을 했으나 옹색한 시대

당시 신랑은 23살이었다.
신랑과 나이 차이가 나서인지 사랑을 많이 받았다.
시댁은 아들 5형제 등 6남매였는데, 신랑은 막내아들이었다.
시아버지는 돌아가셨고, 시어머니만 계셨다.
시댁과 친정은 2킬로 거리에 있었다.

신랑은 농사일을 돕는 품팔이꾼이었다.
학교는 다니지 않았으나 머리가 좋아서 독학으로 공부했다.

그러나 시댁은 생활이 매우 옹색했다.
증조할아버지가 벼슬을 했는데,
군郡 잔치를 하다가 살림이 절단 나버리고,
할아버지가 빚보증을 서고,
일본인 때문에 어려워졌다고 한다.
옛날 양반 집안이다 보니
장남에게는 독선생을 데려다 한문공부를 가르칠 정도였다.
장남이 결혼할 때
신부가 걸어오는 8킬로미터의 길에 비단을 깔 정도였다고 한다.
윤도연의 친정아버지가
'장남(큰 시아주버니)이 훌륭하게 장가를 갔다'고 할 정도의 집안이었다.

그림 61_ [2012.2.26. 사진 : 이승민]

뿔뿔이 흩어진 가족

그러나 이후에 가세가 기울어졌다.
식구는 많았으나 생활이 어려워지자
장손인 큰아들이 식구들을 데리고 일본에 돈 벌러 가고,
셋째 아들도 형을 따라 도일하자
넷째 아들이 어머님을 모시고 장손長孫 노릇을 하고 살았다.
셋째 아들은 이후에 가족과 같이 사할린으로 갔다가
아내를 얻어서 해방 후에는 북한으로 갔다고 한다.
신랑의 형제가 많지만 뿔뿔이 흩어졌다.

시집간 직후에는 시부모와 동거하지 않았다.
네 번째 시아주버니 집에 잠시 의탁하다가 남의 집에 살다가
1년 후에 친정아버지가 집을 지어 주어서 큰 집에서 살았다.
신랑은 혼인 당시에 남의 집 살이를 할 정도로 어려웠으나
부지런하고 재주도 있었으며, 삶의 의욕도 강했다.
당시 친구들은 아무리 어려워도 남의 집 살이를 하지 않았는데,
신랑은 마다하지 않았다.

그림 62_ [2012.2.26. 사진 : 이승민]

더 이상 징용을 피할 수 없어

김화병은 1944년 음력 4월 1일, 자신의 생일날 사할린으로 갔다.
아들이 음력 5월 12일에 태어났으니 아들 얼굴도 못 보고 간 셈이다.
위로 딸이 둘 있었는데,
신랑은 이후에 집으로 보낸 편지에서도 아들 이야기는 묻지 않고
"딸이 잘 크냐"고 물었다.
아기를 직접 본 적이 없으니 딸 생각만 난 듯 하다.
떠나기 전에 '간다고. 딸들 잘 키우고 있으라고' 하며 갔다.

그러나 딸 하나는 다섯 살 먹어서 잃었다.
일만 하느라고 잘 키울 줄 몰랐다.
아이가 밥을 안 먹고 울길래 밥 안 먹는다고 때렸는데,
사실은 입 안에 염증이 있어서 밥을 못 먹고 울었던 것이다.
딸은 염증이 퍼져서 사망했다.

이왕 가야하는 징용이라면

김화병은 처음부터 행선지를 알고 떠났다.
셋째형이 있던 사할린 모집에 응했기 때문이다.
신랑이 어린 딸들을 두고 사할린으로 간 것은
자꾸 잡으러 다녀 징용을 안 가고 버틸 수 없었기 때문이다.

그간 여러 번 잡혀 갔으나 탈출했다.
수송하는 차에서 탈출한 적도 있었다.
그러나 일제 막바지가 되니 더 이상 버틸 수가 없었다.
그래서 이왕 가야하는 징용이라면
형님이 있는 곳으로 가리라 하고 사할린 모집에 응했다.
혼자 떠났는데 나중에 알고 보니
한 마을에서 5명이 같이 갔다.
강진에서 목포로 해서 떠났다.

그림 63_ 신림동 자택에서(2012.2.26.)[면담자 : 정혜경, 사진 : 이승민]

논바닥에서 낳은 아들

사할린으로 간 후 편지는 왔다고 했으나 윤도연이 본 적은 없다.
편지가 친정으로 한 번 왔다고 했다.
남편은 비행장에서 일을 했으나 돈을 보낸 적은 없었다.

윤도연은 남편도 없이 아들을 낳았다.
논에서 모를 심다가 들어와서 아기를 낳고
탯줄도 혼자 일어나서 실을 꺼내서 잘랐다.
그 때가 23살이었다.

친정에서 닭죽도 만들어 주었으나
모르고 먹지 않으니 상해서 버리기도 했다.
아들은 얻었지만 건강은 나빠졌다.
딸을 여읜 후 부터 계속 아팠다.
젊어서 많이 아프다가 나이가 들어서 건강해졌다.

그림 64_ [2012.2.26. 사진 : 이승민]

해방은 되었으나

해방은 되었으나 남편은 돌아오지 않았다.
남편이 징용을 간 후에 단돈 10원도 보내온 적이 없으므로
생활은 어려웠다.
고생한 생각을 하면 말도 못할 지경이다.

그나마 아들은 가르쳤으나 딸은 못 가르쳤다.
학교에 못 보내고,
어디 일하라고 보내고, 아기 봐주라고 보내고
내가 일 가는데 데리고 다니고 하느라
딸도 조금 가르치다 말다 했다.

아들은 겨우 국민학교를 마쳤을 정도로 어려웠다.
아들은 어려서 몸이 너무 약해서 학교를 세 번이나 쉬었다.
1학년 다니다 말고, 2학년 때에도 두 번이나 쉬었다.
아마도 회충蛔蟲 때문이었다고 생각되는데
3학년 때 미군이 준 회충약을 먹은 것이 고작이고
병원에 보낸 적이 없었다.
당시에는 병원이란 것을 몰랐다.

많이 울었다

아들은 여섯 살이 될 때까지도 잘 걷지를 못할 정도로 약했다.
봄이 되면 시골 텃밭에 봄동 꽃이 노랗게 피어 있어서
그것을 뜯어먹으러 내려갔다가
마루에 올라서지를 못할 정도로 몸이 약했다.
너무 약해서 꼬챙이 같이 말랐었다.
군대에 가서야 살이 조금 쪘다.
아들이 서너 살에 병치레를 하니 마음이 너무 아팠다.
시어머니가 돌아가셨는데,
그 당시에는 아들의 몸이 약해서 더 많이 울었다.
당시에는 아들이 못 살 것 같았는데, 살아났다.
서울 올라오기 전에 기억은
베 짜는 것하고 동네 사람들하고 모 심는 것이다.

"잠 안자고 눈만 뜨면 모시 째고, 여름에는 모시 삼고"

베를 짜서 생활했는데,
인간문화재人間文化財 실력이라는 소리를 들을 정도였다.
모시를 짜면 장에 나가 팔아서 생활했다.

그림 65_ [2012.2.26. 사진 : 이승민]

남편이 없으니

집안일의 대부분은 친정의 도움을 받았다.
친정아버지가 살아계실 동안에는 병환으로 고생을 했으나
친정아버지를 여읜 후에는 큰 오빠가 많은 도움을 주었다.
논도 세 마지기나 주었고,
식량도 갖다 주고, 벼멸구도 쫓아내 주고, 집의 지붕 짚도 다 얹어주었다.
오빠가 정부로부터 인수받은 일본사람 논 가운데 세 마지기를
나에게 준 것이다.

주변에서 재가再嫁하라는 이야기는 많았으나
친정에서는 마음도 못 먹게 했다.
양반은 재가가 안 된다고,
여동생이 재가를 할까 봐 오빠들이 적극적으로 돌봐준 것이다.
둘째 오빠는 별로 그러지 않았는데 이장里長을 하시던 큰 오빠가 말렸다.
둘째 오빠는 동생이 고생하니까 안쓰러워서
재가해도 무방하다고 생각했던 것 같다.
큰 오빠가 이장을 하면서 살림이 좋아져서 친정이 살기 좋아졌다.

그림 66_ [2012.2.26. 사진 : 이승민]

내가 제일 좋은 세상 살 줄 알았는데

그러나 비록 친정에서 도와주기는 했지만
남편이 없는 동안 생활은 '거지'같았다.
큰 딸을 입이라도 줄일 생각에 친척집에 일 하러 보내면
아이는 가기 싫다고 울고불고 그랬다.
딸을 학교도 못 보내고 아기 보는 일을 하는 집으로 보내려 하는데
울고불고 하니 보내지도 못하고 그랬다.
참으로 옹색했다.

남편이 있을 때에는
'내가 제일 좋은 세상 살 줄 알았는데 남편이 가버리니'
내가 제일 못 살게 되었다.
남편이 돈을 벌어 아이들을 가르치려 했는데 사할린에 가 버렸으므로
결국 가르치지 못하게 되었다.
자식들을 고생시키며 보낸 세월이었다.
아들이 클 때 배고프면 국민학교 가는 길에 있었던 외갓집에 갔었다.
1년에 1/3은 외가에서 먹고 자고 하기도 했다.
친가는 큰 아버지들이 근근이 먹고 살아
우리를 도와줄 형편이 아니었기에
친정의 신세를 지고 살았다.

그림 67_ [2012.2.26. 사진 : 이승민]

북한으로 간 셋째 시숙

"이북以北 갔당게"

해방이 되기 직전에 셋째 시숙媤叔은 가족(딸 둘과 아들 등 3남매, 아내)을 고향으로
보냈지만 정작 자신은 나오지 못했다. 밀린 돈이라도 받아 나오려고
지체하다가 해방이 되어 버려서 그랬다고 한다.
소련이 참전하니 아이들이나 싸우지 못할 사람은 보내지만
싸울 수 있는 남자는 못 가게 한 것 같다.
시숙이 가족을 보낼 때, 배가 두 세대가 떴는데,
공습으로 모두 침몰하고, 가족이 탄 배 하나만 무사해서 가족들은
간신히 살아 왔다고 한다.
그 후 셋째 시숙은 고향으로 올 생각에 북한으로 갔으나 돌아오지 못했다.
윤도연은 좁은 데서 동서와 조카들을 데리고 살았는데
동서가 뭘 먹다가 체독(디스토마 같은 것)에 걸려 몸이 부어서 죽었다.
지금 같으면 약 한번만 먹으면 나을 병이었으나 당시에는 약이 없었다.
내가 동서에게 '낫기만 하면 시숙에게 가자, 낫기만 하면 가자고 했는데'
기어이 죽고 말았다. 셋째 시숙은 일제시대에 사할린에서 이름을 날린
사람이었다. 고향에서 사람을 모집으로 데려다 주고 돈을 받았었다.
좋은 직업은 아니었으나 똑똑한 분이었다. 그래서 남편도 사할린으로
가게 된 것이다. 그러나 해방 후에 북한 출신 여자를 만나 결혼한 후
남편의 만류에도 불구하고 북한으로 들어가 버렸다고 한다.
셋째 형님(동서)과 같이 살 때 조카들이 있었으나
동서가 죽은 후에는 조카들의 삶이 다 무너졌다.
여자 조카는 죽고 남은 조카들도 너무 고생을 많이 했다.

그림 68_ [2012.2.26. 사진 : 이승민]

신랑하고는 채 1년도 못 살아 봤네

결혼 전에는 얼굴도 본 적이 없으므로 연애감정 같은 것은 없었다.

"혼인을 하니 신랑이 방에 막 들어왔어"
"신랑은 이쁘들 안 해"

신랑은 키가 크지 않았다.
시어머니가 아주 작았고, 시댁에 키가 큰 사람은 없었다.
남편이 징용가기 전에 결혼생활을 5년간 했어도
남편과 지낸 기간은 매우 짧았다.
1년간은 옛 풍속대로 친정에 있었고,
그 후 1년간은 남편이 마산 아저씨를 따라 모집[국내동원]을 갔다 왔으므로
떨어져 살았다.
모집은 여러 차례 갔었다.
2~3개월씩 계속 갔었다.
사할린으로 가지 않으면 계속 모집에 가야하므로
할 수 없이 사할린에 가게 되었다.
두 번인가 세 번 인가 잡혔다가 몰래 도망 나오기도 했다.
수송하는 차에서 탈출했다고 한다.
게다가 신혼 초에는 남의 집 살이를 하니 같이 살 수 없었다.
이렇다보니, 결국 날짜를 따지면 부부가 같이 산 기간은 1년 정도이다.

그림 69_ [2012.2.26. 사진 : 이승민]

말도 안하고 죽어 버렸어

신랑은 일을 잘했고, 아내가 힘든 일을 못하게 하던 자상했던 남편이었다.
젊어서는 신랑 생각을 많이 했으나 지금은 생각이 덜 나는 편이다.
밤에 자다 보면 언제든지 올 것 같았다.
밭을 매다가도 신랑이 올 것 같고,
나를 데리러 올 것 같아서 남편을 늘 기다렸다.

가끔 남편을 꿈에서 보곤 했는데, 한번은 분명하게 나타났다.
꿈에서 남편을 보고 따라가려고 하자 '뭐 하러 오냐'고 떨치고 가버렸다.
다시 꾼 꿈에서 남편은 누워 있었다.

"말도 안하고 죽어버렸어"

달이 훤하게 비췄다.
그 이후에는 꿈에도 나타나지 않았다.
그 이후로 점占을 치면 '사망했다'고 나오니까 점차 포기하게 되었다.
동네에서 같이 간 분들도 있으니 같이 점을 쳤는데,
5명 가운데 2명은 도망쳐 나왔으나 나머지는 오지 못했다.
나중에 알고 보니 남편은 1986년에 심근경색心·筋梗塞으로 사망했다고 한다.

그림 70_ 김화병이 사할린에서 만든 족보 표지[가족 제공 자료]

사할린에서도 귀한 가족인데

남편은 사할린에서 족보를 만들었다.
아이들이 쓰는 공책에 가족과 친구들 이름을 남겼다.
그런데 족보에 아들 '원진'의 이름은 없다.
딸들의 이름은 선명한데….

1979년도부터 사할린에서 편지가 오고 갔는데,
언제부터인가 편지가 오지 않았다.
남편에게 편지가 오지 않는 것을 이상하게 여겼는데.
그 후 남편이 족보에 우리 가족의 이름을 써놓고
죽었다는 것을 알게 되었다.

그림 71_ 족보의 첫 페이지[가족제공자료]

그림 72_ [가족 제공 자료]

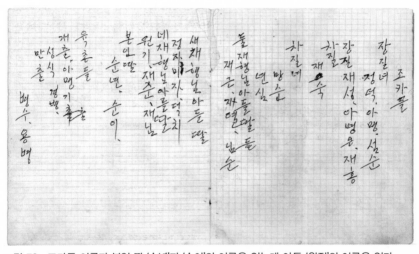

그림 73_ 조카들 이름과 본인 딸 '순년'과 '순이'의 이름은 있는데 아들 '원진'의 이름은 없다.
　　　　[가족 제공 자료]

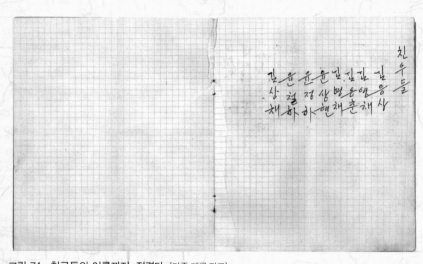

그림 74_ 친구들의 이름까지, 정겹다. [가족 제공 자료]

다시 듣게 된 남편 소식

1989년도에 사할린에서 연락이 왔다.
편지를 왕래하다가 거기서 남편이 재혼을 해서
작은댁(사할린의 새 아내)을 얻었다는 것을 알았다.
작은댁이 한국에 나와서 남편 소식을 알게 되었다.
그 동안은 소식을 전혀 몰랐다.

새 아내가 김화병이 남긴 족보 기록을 보고
본적지 주소를 찾아
서산에 사는 언니를 통해
한국의 가족에게 연락 해온 것이다.
새 아내는 가족이 모두 사할린으로 입도入島한 집인데,
서산에 언니가 살고 있었다.
언니 집을 통해 강진을 거쳐 다시 서울로 연락을 할 수 있었다.

사할린으로 편지를 보내니 작은댁이 한국으로 나왔다.
사할린에서 작은댁이 찾아왔어도 화가 나지 않았다.

그림 75_ 정든 집을 떠나네[가족 제공 자료]

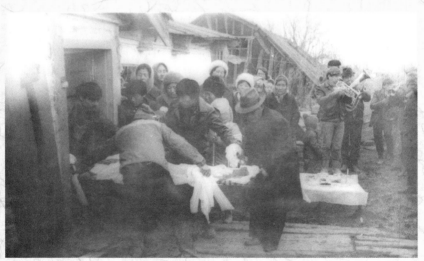

그림 76_ 음악이 연주되는 가운데 먼 길 떠난 김화병[가족제공자료]

그림 77_ 꽃상여 대신 트럭을 타고 [가족제공자료]

그림 78_ 꽃길을 가네[가족 제공 자료]

그림 79_ 편안히 가세요[가족 제공 자료]

그림 80_ 영면에 든 김화병 [가족 제공 자료]

장례식 사진으로 다시 만난 남편

남편은 자식들이 많이 있는 집에 장가를 가서,
그 자식들 키우느라 고생을 하고 살았다고 한다.
새로 얻은 아내의 자식들을 키우고,
자기 자식으로 아들 셋을 낳았는데 아들 1명이 죽었다고 한다.
사할린 아내의 말이,
남편 사이에 낳은 자기 자식은 학교에도 보내지 못할 정도로
고생을 하다가 죽었다고 한다.
장례식 사진을 보니
사할린 아내가 낳은 전 남편의 자식들이 너무도 슬프게 울고 있다.

자식이 많은 할멈을 얻어서 고생했다.

그림 81_ 유즈노사할린스크에 잠든 김화병[가족 제공 자료]

내 신랑은 얼른 죽어버렸다

평소 새 아내가 남편에게 '고향의 아내가 시집갔을지 모르겠소' 하면서
고향에 편지라도 해보라고 하자,
'벌써 죽었을 것이네' 라고 했다고 한다.

윤도연은 여태 이렇게 살고 있는데….

신랑의 사망 소식을 들으면서 나는 울지 않았는데
작은댁은 계속 울었다.
너무 고생하고 살다가 죽었다고 애통해했다.
작은댁은 그렇게 뚱뚱하고 몸도 건강한데
내 신랑은 얼른 죽어버렸다.

나를 사할린으로 데려간다고 했고,
같이 살자고 했었는데 죽었다.

그림 82_ [2012.2.26. 사진 : 이승민]

아끼고 모으고

시골에서 큰 딸이 결혼한 이후에 절약하고, 가산을 늘려나갔다.
집을 팔아서 작은 집으로 옮기고 남은 돈을 저금하고,
1년 동안 들어온 쌀을 남겨서 절약하고, 베도 짜고,
밭도 250평 짓다가 500평으로 늘렸다.
쌀 한가마니에 1,650원 하는데,
우리 집에서 150가마니를 팔면서 50원 더 얹어서 1,750원에 팔아
돈을 모으고 그렇게 돈을 만들었다.
친정에서 오빠가 땅을 소작을 주고 소작료를 받게 해주었기에
그 덕으로 돈을 모을 수 있었다.
지금도 절약은 몸에 배어 있다.
1979년도에 아들이 결혼하자 서울에 올라왔다.
서울에 올라와서는 신랑 생각보다는 고향 생각이 많이 난다.

그 시절에 애를 써서 집이 살만했는데,
아들이 서울에 올라와서 모두 날려서 고생을 많이 했다.
고물 정리하는 데 가서 일하고, 모자 만드는데 가서 마무리 일했다.

내가 아파서 딸들 고생을 많이 시켰다.
23살 때부터 아팠다.
딸을 여읜 후에 계속 아팠고, 젊어서는 많이 아팠는데,
나이가 드니까 건강해졌다.

그림 83_ [2012.2.26. 사진 : 이승민]

사는 동안에는 다 좋다

최근에는 걸음을 잘 걷지 못하게 되었다.
"막 넘어질라고 하고"
광주光州에 있는 딸의 집에 가서 1년간 있으면서 걸음도 많이 걷고
병원에도 다녔지만
여전히 잘못 걷는다.

요사이는 손자와 성당에 같이 다닌다.
어린 증손녀가 늘 '오래 사시라'고 인사를 한다.
오래 살아서 죄를 짓고 있다.

사는 동안에는 다 좋다.
젊어서는 일이 힘들어서 '징그러웠'다.
젊어서는 힘들었지만 지금은 좋다.
지금 소원은 손자들과 그 소생이 건강하고 잘 되는 것이다.

그림 84_ [2012.2.26. 사진 : 이승민]

4. 기억하기

그림 85_ 국회의원 이명수

그림 86_ '역사문제에 시효는 없다'며 사할린 국내유족을 포함한 일제하 한인 역사 지킴이, 국회의원 이명수

지나간 채로 두려고 해도 도무지 과거가 되지 않는 기억들

일본의 어느 탄광에서 한글로 쓰인 글이 발견되어 화제가 되었던 일이 있습니다. 꾹꾹 눌러 쓴 네 문장은 다음과 같습니다. 어머니 보고 싶어. 집에 가고 싶어요. 배가 고파요. 고향에 가고 싶다. 일본 침략 전쟁 시기, 일본으로 강제 징용 갔던 어느 이름 모를 조선인이 추위와 배고픔에 떨며 남긴 글입니다. 한 글자 한 글자마다 그가 느꼈을 공포와 절망이 묻어나는 절규에 많은 이가 분노하였습니다.

더 끔찍한 사실은 저러한 비극이 개인에 국한된 것도 아니었고 특정 사업장에 한정된 일도 아니었다는 사실입니다. 많은 조선인이 끌려가 석탄을 캐고, 나무를 베고, 군수 물자를 만들었습니다. 동원된 장소도, 하는 일도 모두 달랐지만 한 가지 공통점이 있습니다. 노동에 대한 정당한 댓가는 커녕 생존을 위한 기본적인 대우조차 제대로 받지 못한 채 가혹한 노동에 시달렸다는 점입니다.

일제 치하 36년은 우리 역사상 그 어느 때보다도 처참했던 시기였습니다. 돈, 자원, 식량, 종류를 가리지 않고 수탈해가는 악랄함이 전 세계적으로도 비할 곳이 없을 정도였다고 합니다. 그러한 착취의 대상에 노동력도 포함되어 있었습니다. 징집하여 최전방 전선에 내세우고, 위안부로 끌고 갔으며 노예 노동에 가까운 강제 노역에 종사케 하였습니다. 착취하는 입장에서는 단순 노동력이었겠으나 당하는 입장에서는 그렇게 간단하게 생각할 수 있는 문제가 아닙니다. 노동력이 아니라 사람이었습니다. 누군가의 자식이며 남편이고 아버지였습니다.

이 책은, "돈 벌어 오마, 3년 있다가 보자"며 떠났던 길을 70년이 다 되도록 돌아오지 못하는 가족에 대한 한 서린 기록이며 고달팠던 삶에 대한 반추입니다. 흔히 '이 또한 지나가리라' 라고 합니다. 지나고 나면 별 것 아니더라는 말도 있습니다. 그러나 지나간 것은 지나간 채로 두려고 해도 도무지 과거가 되지 않는 기억들이 있습니다. 할머니들께는 신랑이 '화태'로 끌려가던 날이 바로 그 순간일 것입니다.

'마음(心)이 깊게 뿌리박혀(艮) 얽매인 것이 곧 한(恨)'이라고 합니다. 끝나지 않는 슬픔이 한이 되어 뭉쳤으니 이제는 그 마음을 풀어드려야 할 텐데 일본 정부도 전범 기업도 적절한 사죄도 보상도 없이 그저 모르쇠로 일관하고 있는 실정입니다. 안타까운 현실입니다. 잘못한 자가 엄연히 있는데 피해자가 가슴을 치며 '내 복이 없어 그렇다'며 자책하도록 두어서야 되겠습니까.

객관적인 수치로 표현된 피해 사실도 중요하지만 일제의 잔학함이 개인에게, 한 가정에 어떻게 돌이킬 수 없는 상처를 입혔는지 아는 것도 반드시 필요한 일입니다. 이 책을 통해 강제 노동의 실체를 되짚어보고 앞으로 우리가 무엇을 할 수 있을지를 생각해보는 계기가 되기를 바랍니다.

국회의원 이명수[충남 아산, 제18대·19대 의원]

그림 87_ 이치수 한국국정연구원장

그림 88_ 진상규명의 길, 사할린 국내 유족과 함께 걷는 길

화태에서 온 편지를 읽고...

일제강점기 사할린으로 강제동원된 분들의 유족들이 전하는 생생한 우리들의 질곡과 슬픔을 읽어 보았다.

일제강점기 시대와 해방공간을 살아보지 못한 입장에서 이들의 아픔을 얼마나 체감할 수 있을까마는 그들의 이야기는 마음을 아리게 한다.

나라를 잃어버리고 일본의 식민 지배를 받으며 아무 상관도 없는 일본 신민으로 이름도 모르는 낯설고 물설은 화태로 강제동원된 분들의 그 심정은 어떠했을까?

그곳에서 벌목공으로 혹은 군사비행장 건설노무자로 혹독한 추위와 싸우며 오직 고향땅의 내 가족에게 약간의 돈이라도 보내고 언젠가는 돌아갈 희망으로 그곳 삶을 지탱했으리라.

그들은 일본의 항복으로 전쟁이 끝났음에도 불구하고 소련에 다시금 억류되는 그래서 고향으로 돌아오지 못하는 불귀의 객이 되고 말았다.

그러기에 요즘으로 보면 아직은 어린 10대에 이런 저런 이유로 시집을 가서 남편과 제대로 정도 붙이기 전에 그 남편을 머나먼 이국 땅으로 보내고 이제 90줄에 들어선 그 신부들의 한없는 아픔과 삶의 무게가 그녀들의 이야기이기에 더더욱 가슴이 미어지는 것이다.

뱃속에 아기는 자라고 남편은 어디론가 끌려가고 소식은 제때에 오지도 않고, 가족은 돌보아야 하고, 그 시대 그렇게 살아오신 분들의 험난한 여정들을 상상이나 할 수 있으랴?

이들의 삶은 그저 한 개인사의 문제가 아니라 바로 우리들의 역사이고 우리나라의 문제인 것이다.

우리의 지난한 역사가 힘들고 고통스러웠고 때론 자랑꺼리가 되지 못하다 할지라도 그건 분명히 우리의 부정할 수 없는 우리의 것이다.

대한민국 정부가 적극적으로 대 러시아 외교를 통해서 얼마든지 이들의 눈물을 닦아줄 수 있도록 할 수 있을 터인데 실상은 전혀 그렇지 못한 것 같다.

이 유가족들의 소망은 사실 간명하다.

내 아버지의 유골이라도 찾아 대한민국 땅으로 모셔오고 싶다는 것이다. 아버지를 단 한 번도 본적 없는 신윤순 유족회장님을 보고 있노라면 때론 죄송함까지도 느끼게 된다.

대한민국의 경제력이 세계 몇 등이요 자동차와 휴대폰 생산은 세계적이라 자랑질 하고 해외 원조를 한다지만 일제 식민치하에서 정작 나 스스로와 상관없이 끌려가 고통받고 신음하는 많은 이들과 그들의 가족들이 흘린 그리고 지금도 흘리는 눈물을 이제 우리 스스로 닦아 내야할 사명이 대한민국 정부에 있다고 생각한다.

역사의 고통을 승화시키는 힘이야 말로 국민을 통합시키고 그런 노력의 과정에서 나라의 자존심과 격이 만들어 지는 것이다.

화태로 간 신랑들이 혼백 뿐 만 아니라 한줌의 재 일망정 더 늦기 전에 90객이 된, 고왔던 신부들 곁으로 그리고 자식들 곁으로 돌아오게 되어야 한다.

진정 우리 스스로 우리들을 껴안고 모두 함께 새로운 시대를 만드는 과정은 과거를 묻어두는 것이 아니라 오히려 과거를 바로 세움으로써 내일을 바로 열게 되는 것임을 알아야 한다.

화태로 신랑을 보냈던 신부님들 곁으로 신랑님들이 돌아오시는 그날을 위해 반드시 건강하시라는 말씀을 꼭 올리고 싶다.

화태로 아버지를 보냈던 아들들과 딸들이 70대 노인들이시지만 아버지 앞에서 아직 그저 어린 자식들이다.

아버지의 유해를 모시고 올 장본인들이시니 이 자제분들이야 말로 더욱 힘을 기르시고 강건하셔야 한다.

아버지 앞에서 재롱잔치라도 열어야 하니 말이다.

이치수[행정학박사, 사단법인 한국국정연구원장]

구술이 기록으로, 역사로

2012년 초, 외교부 회의에서 만난 한 초로의 여성이 정중히 질문했다.
"정부가 사할린 국내유족을 위해 무슨 일을 했습니까?"

큰 고민하지 않고, 답했다.
"영주귀국을 하신 분들이 국내에 정착하실 수 있도록 돕고 있고, 역방문 제도도 운영하고 있고…"

발언을 중단시키며 그 여성이 다시 말을 건넸다.

"아뇨. 사할린에 억류된 한인들 말고요. 국내 유족이요."
"국내 유족이요?"

아! '국내 유족! 그렇지. 그분들이 있었지'
그 때 위원회에 신고한 사할린 피해건수 만여건 가운데, 70%가 국내에서 신고한 분들이라는 사실이 떠올랐다. 이들이 바로 국내 유족이다.
"그러고 보니 국내 유족에 대해서는 위로금 지급 외에 달리 정부가 한 일은 없네요."

"그렇지요? 정부가 달리 한 일이 없지요? 우리 아버지 기록 찾아주세요. 사할린 국내 유족들을 위해 정부가 해 주세요."

큰 소리도 내지 않고 다시 정중히 부탁한다.

신윤순.
아버지 얼굴을 기억하지 못하고, 10대 어린 나이에 신랑과 헤어져 평생을 살아온 어머니와 함께 사는 '사할린 국내 유족'이다.

사할린 강제동원 피해에 관해 진상조사보고서도 작성했고, 만여건의 사할린 피해조사 업무를 주관했으면서도 '사할린 피해자 = 사할린에 억류된 한인'의 편협한 공식에 대해 조그만치의 의문도 갖지 않았음이 드러나는 순간이었다.
2005년에 최초의 정부합동조사단을 이끌고 남 사할린 전역을 다니며 2천명이 넘는 우리 동포를 만나 강제동원과 억류의 절절한 사연을 접한 소중한 경험을 미처 인식의 확장으로 이어내지 못한 탓이었다.
사할린 국내 유족들을 통해 10대 어린 나이에 남편없이 어린 자식과 가계를 책임져야했던 어린 신부(할머니)들의 존재를 알게 되었다. 남편에 대한 기억이 10대에 멈춰버린, 이미 90세가 넘었을 남편을 '할아버지'가 아닌 '신랑'으로 가슴에 심은 어린 신부들.

2012년 초, 이들을 대상으로 구술기록을 남기기로 했다. 자신들의 요구사항을 국회나 각계에 호소하려 해도 90대 노령이 되어 운신이 어려우므로 영상이라도 대신하게 하고 싶다는 유족들의 바람이 있었기 때문이다. '어머니의 모습을 사진이라도 촬영해서 여러 사람들에게 보여주고 싶다'는 요청도 있었다. 원래 구술인터뷰 현장에서 사진기는 제한품목이었다. 사진 촬영 자체가 구술자의 집중도를 약화시켜 구술에 방해가 되기 때문이다.

그러나 자녀들의 요청을 적극 반영해, 구술인터뷰에 사진작가도 대동했다. '어린 신부'가 사진기에 적응하도록 하기 위해 인터뷰가 시작되기 전에 계속 셔터를 눌렀다.

우려와 달리 할머니들은 사진기에 거부감을 보이지 않았다. 오히려 '무거운 입'이 인터뷰 현장을 내리 눌렀다. 녹음기와 카메라 앞에서 어린 신부들의 입은 좀처럼 열리지 않았다. 단답형이거나 "그냥 그랬지 뭐" 정도의 반응.

남편 없이 낳은지 며칠 안 되어 세상을 떠난 아기 시신을 안고 언 땅을 파서 묻고 돌아온 이야기도 단 두 마디였다.

"달빛이 참 밝았어!"
"아기가 눈이 참 이뻤어!"

집안의 남자 어른들이 있었으나 아무도 나서주지 않아 해산한지 며칠 되지 않아 퉁퉁 부은 몸으로 눈이 소복하게 쌓인 산에 올라 아기를 묻고 온 애통한 사연이었으나, '가슴이 아팠다'는 말은 결코 나오지 않았다.

면담자를 쳐다보지도 않고 창밖에 시선을 둔 채 두어 번 더 반복했다.
"아기가 눈이 참 이뻤어!"
그 표정이 참 처연했다.
그저 처연했다.
부여잡고 펑펑 울고 싶었으나 눈길도 주지 않고 창밖만 쳐다보고 있는 할머니.

분단과 6.25전쟁을 거치면서 '소련 땅'에 억류된 신랑을 입에 올리지도 못하고 살아온 어린 신부들에게는 신세타령도 쉬운 일이 아니었다. "남편 잡아먹은 며느리" 취급을 받지 않으려 온갖 궂은 일을 마다하지 않았으나 평생 마음 한 구석에 강하게 자리 잡은 "아무래도 내가 팔자가 사나워서 신랑이 그리 된 것 같다"는 자책감은 세월이 지나도 떨칠 수 없었다.

2011년 11월부터 이듬해 2월까지 5명의 어린 신부들을 만나 이야기를 듣고 사진을 찍었다. 자원봉사자(광운대학생 이재영, 사할린 국내 유족 홍재희)의 도움을 받은 영상 녹화는 화면이 흔들리기도 했으나 정성만은 가득하다.

특히 수업 중에 자원봉사자를 구한다는 교수의 말에 연락해 온 많은 광운대학생들과 교통비 조차 없다는 것을 알면서도 흔쾌히 캠코더를 잡아주었던 이재영 학생은 한 겨울에 불어온 훈풍이었다. 그들의 미래도 훈풍으로 가득하길 기원한다.

이 때 만난 할머니 중 세 분의 이야기를 이 책에 담았다. 본인과 가족들이 허락하신다면, 더 많은 할머니 이야기를 담고 싶다.

우리 사회가 그들의 기억을 구술을 통해 역사로 남길 때,

이 책을 통해 '어린 신부'를 기억할 때,

비로소 반전평화를 외치고 평화로운 일상을 누릴 자격을 얻게 되지 않을지.

정혜경[역사학자, 한일민족문제학회장, 구술인터뷰 면담자]

그림 89_ 햇빛이 잘 드는 거실에서 윤도연, 김원진 모자母子와 함께[2012.2.26. 사진 : 이승민]